le chat en cent poèmes

Textes réunis par

Albine Novarino-Pothier

omnibus

Avant-propos

Si les écrivains, autrefois, gardaient un chat dans leur cabinet de travail, c'était pour empêcher que les souris ne dévorent leurs œuvres, au sens premier du mot. « J'ai grandement obligation à ces animaux qui ont délivré mes livres des attaques fréquentes que leur faisaient les rats », écrivait l'astronome Fabri de Peiresc au XVIIe siècle. Depuis, l'écran a remplacé le papier, mais le chat est resté. Pourquoi partirait-il puisqu'on l'adore ?

« Adorer », c'est le mot qu'il faut employer. On adore le chat comme on adore une idole. « Il juge, il préside, il inspire / Toutes choses dans son empire », remarque Baudelaire, qui, plus que tous les autres poètes, a contribué à faire du chat un dieu. Un autre écrivain, le sérieux voire austère historien Hippolyte Taine, exprime également sa vénération pour la gente féline quand il déclare peupler son « intime oratoire » d'une « Vénus tricolore » et d'une « Aphrodite noire ».

Dieu ou démon ? On sent de la peur dans l'adoration d'Anna de Noailles pour sa chatte persane aux « yeux de démone », comme on en perçoit dans celle de García Lorca pour son « Méphistophélès félin ».

Peur, mais aussi envie pour l'être le plus libre de la création, car s'il est une idole, le chat ne dédaigne pas de quitter son piédestal pour aller courir les rats. Cela n'a pas échappé aux poètes du cabaret du Chat noir, cette bande de joyeux garçons qui, à Paris, au XIXe siècle, vouaient un véritable culte à « cet escogriffe, ce gracile animal ingrat »....

Musicale poésie écrite par des musiciens qui, comme Boris Vian, ont surpris le sphinx impénétrable en train de danser la java, la nuit sur un toit. Une fois épuisées ses folies de noctambule, le danseur revient sur le coussin faire admirer « sa robe tiède » qu'il « lisse avec coquetterie, le col et les reins en arc, et la cuisse en l'air », en « froufroutant et bourdonnant ». Avant de plonger dans ce mystérieux sommeil divin qui « couve des étincelles ».

Sensualité, crainte, envie, tendresse, horreur parfois, ironie souvent... divers et toujours paradoxal est le sentiment qu'inspire le chat, et c'est pourquoi chaque poème est une histoire en soi, assez fantastique pour nourrir n'importe quel rêve et n'importe quel cauchemar.

Les mêmes paradoxes et la même diversité sont perceptibles dans les œuvres d'art qu'il inspire ; c'est pourquoi la correspondance entre le texte et l'image offre une double lecture dont l'enrichissement est réciproque.

Sans bouger de chez lui, le chat a conquis le monde. Poètes japonais, peintres chinois et conteurs africains l'ont regardé du même œil intéressé et perplexe que nos écrivains d'Occident. Leur pinceau agile, leur langue concise conviennent bien aux lignes souples de la divinité familière. Un dessin à l'encre noyée, un haïku de deux demi-lignes... et voilà le dieu saisi mieux qu'en une élégie de trois pages, comme prisonnier d'un filet à papillons. D'ailleurs, n'est-ce pas un sage chinois qui a trouvé le secret de son origine : « Dieu a créé le chat pour que l'homme puisse caresser le tigre » ?

Caressez donc le tigre, cher lecteur, et savourez ce don du ciel.

Albine Novarino-Pothier

Sommaire

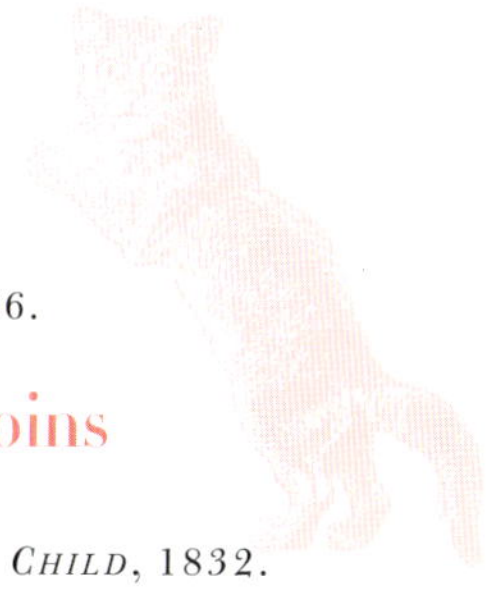

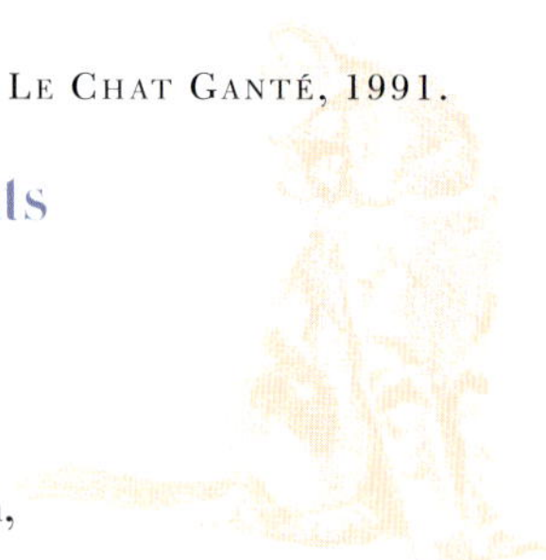

Je suis chat

Je suis chat.
Je regarde
À côté des hommes

Jacques Bussy, haïku in *Le chat sourit*, 1979.

L'esprit familier

De sa fourrure blonde et brune
Sort un parfum si doux, qu'un soir
J'en fus embaumé, pour l'avoir
Caressée une fois, rien qu'une.

C'est l'esprit familier du lieu ;
Il juge, il préside, il inspire
Toutes choses dans son empire ;
Peut-être est-il fée, est-il dieu.
Quand mes yeux vers ce chat que j'aime
Tirés comme par un aimant,
Se retournent docilement
Et que je regarde en moi-même,

Je vois avec étonnement
Le feu de ses prunelles pâles,
Clairs fanaux, vivantes opales,
Qui me contemplent fixement.

Charles Baudelaire, *Les Fleurs du mal*, Le chat II, 1857.

Le chat et le soleil

Le chat ouvrit les yeux,
Le soleil y entra.
Le chat ferma les yeux,
Le soleil y resta.

Voilà pourquoi, le soir,
Quand le chat se réveille,
J'aperçois dans le noir
Deux morceaux de soleil.

Maurice Carême, *L'Arlequin*, 1972.

Matins frileux

Matins frileux !
Le temps se vêt de brumes ;
Le vent retrousse, au cou des pigeons bleus
Les plumes…

L’air est rugueux et cru
Un chat près du foyer se pelotonne ;
Et tout à coup, au coin du bois résonne,
Monotone et discord
L’appel tintamarrant des cors
D’automne.

Émile Verhaeren, *Toute la Flandre,* Automne, 1904-1911.

Fable africaine

Un vieux chat fort matois et un brin sournois avait accompli un lointain pèlerinage.
De retour sur ses terres, il fit savoir aux rats et ratons du voisinage qu'habité de saintes pensées, il ne se nourrirait plus que de fruits et de lait.
Au fil des jours et des saisons, rats, rates et ratons s'accoutumèrent à le voir plongé dans ses prières.
Ayant désappris d'avoir peur, ils firent comme si eux et lui étaient de vrais amis.
Or, un beau jour, alors que deux grosses rates dépourvues de malice s'était approchées, le fieffé félin oublia tout de go son âge et ses pensées, prit son élan et saisit mesdames les rates d'un vif, violent et fatal coup de ses agiles pattes…
Et, sans plus attendre, d'un bon coup de dents, il les croqua toutes deux, bien vivement.
Moralité : un chat, même vieux, même pieux, reste un chat…
Telle fut en tout cas la leçon donnée aux rates, rats et ratons, ce funeste jour-là.

Fable africaine adaptée par Melchior de Chambilly, *Trésor des veillées brionnaises,* 1888.

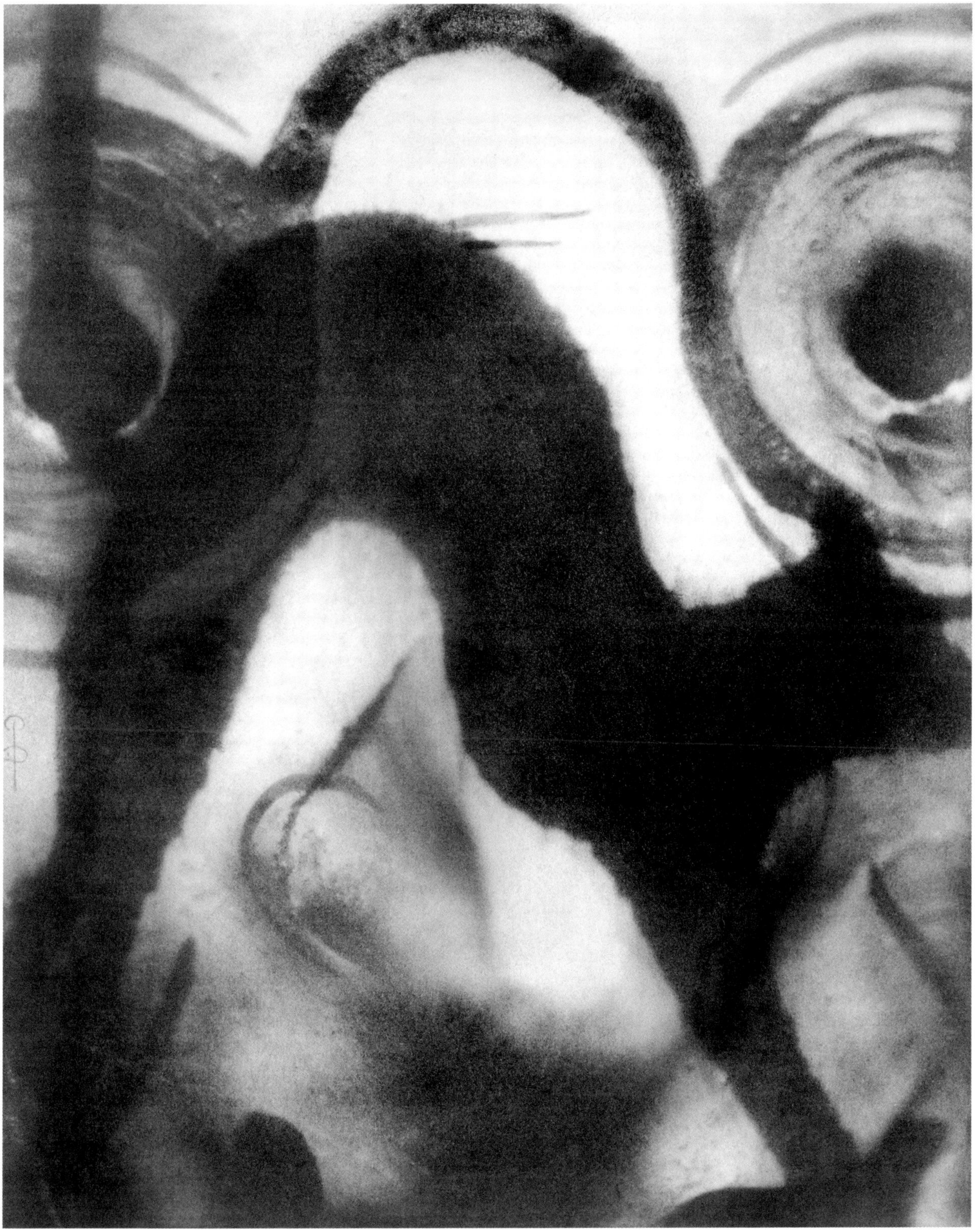

Le chat, la belette et le petit lapin

Du palais d'un jeune Lapin
Dame Belette, un beau matin,
S'empara : c'est une rusée,
Le maître étant absent, ce lui fut chose aisée.
Elle porta chez lui ses pénates, un jour
Qu'il était allé faire à l'Aurore sa cour
Parmi le thym et la rosée.
Après qu'il eut brouté, trotté, fait tous ses tours,
Janot Lapin retourne aux souterrains séjours.
La Belette avait mis le nez à la fenêtre.
« O Dieux hospitaliers ! Que vois-je ici paraître ?
Dit l'animal chassé du paternel logis.
Holà ! Madame la Belette
Que l'on déloge sans trompette
Ou je vais avertir tous les rats du pays. »

La dame au nez pointu répondit que la terre
Etait au premier occupant ?
C'était un beau sujet de guerre
Qu'un logis où lui-même il n'entrait qu'en rampant !
« Et quand ce serait un royaume,
Je voudrais bien savoir, dit-elle, quelle loi
En a pour toujours fait l'octroi
A Jean, fils ou neveu de Pierre ou de Guillaume,
Plutôt qu'à Paul, plutôt qu'à moi. »
Jean Lapin allégua la coutume et l'usage :
« Ce sont, dit-il, leurs lois qui m'ont de ce logis
Rendu maître et seigneur, et qui, de père en fils,
L'ont de Pierre à Simon, puis à moi, Jean, transmis.
Le premier occupant, est-ce une loi plus sage ?
Or bien, sans crier davantage

Rapportons-nous ,dit-elle, à Raminagrobis. »
C'était un chat, vivant comme un dévot ermite,
Un Chat faisant la chattemite,
Un saint homme de Chat, bien fourré, gros et gras,
Arbitre expert sur tous les cas.
Jean Lapin pour juge l'agrée.
Les voilà tous deux arrivés
Devant sa majesté fourrée.
Grippeminaud leur dit : « Mes enfants, approchez
Approchez, je suis sourd, les ans en sont la cause. »
L'un et l'autre approcha, ne craignant nulle chose.
Aussitôt qu'à portée il vit les contestants,
Grippeminaud , le bon apôtre,
Jetant des deux côtés la griffe en même temps,
Mit les plaideurs d'accord en croquant l'un et l'autre.
Ceci ressemble fort aux débats qu'ont parfois
Les petits souverains s'en rapportant aux rois.

Jean de La Fontaine, *Fables, VII, 16,* 1678.

Souris chérie

Prends un chat et couvre-le de lait
De tendre poulet et de coussins douillets.
Il voit un souricet le long du muret ?
Au diable il envoie le lait et le poulet,
Et tous les délices du chalet.
Car c'est toujours la souris qu'il chérit !

Chaucer, *Les Contes de Cantorbéry*, 1478.

La java des pussy-cats

Sur un vieux toit en zingue
Y avait des pussy-cats
Qui dansaient comme des dingues
En f'sant du bruit avec leurs pattes
Alertés, les voisingues
S'écriaient ça n'a rien d'bath
Y a d'quoi dev'nir sourdingue
On peut plus travailler ses maths
Le matou du marchand d'volailles
Une sardine en bandoulière
Avait enlacé par la taille
La chatte de la cuisinière
Chacun faisait du gringue
À la siamoise de l'épicier
C'était un vrai dancingue
À tout l'monde ils cassaient les pieds
Au bout d'une demi-plombe
Écœurés par ce raffut
Les flics s'amènent en trombe
En faisant tourner leurs massues
Et c'est une hécatombe
Les ardoises volent en éclats
On aurait cru des bombes
Mais y avait déjà plus un chat
Réfugiés au fond d'une cave
Les pussy-cats pas dégonflés
Sirotant d'l'alcool de betterave
S'étaient remis à gambiller
Toute la nuit ils dansèrent
En usant des kilos d'savates
Pour leur anniversaire
La java des pussy-cats

Boris Vian, *Textes et Chansons*, 1993.

Le chat
et le rôt

Chat vit rôt,
Rôt tenta chat,
Chat mit patte à rôt,
Rôt brûla patte à chat,
Chat lâcha rôt.

Virelangue anonyme du XIXe siècle.

Souvenirs

Il siège au coin du feu, les paupières mi-closes,
Aspirant la chaleur du brasier qui s'éteint ;
La bouilloire bouillonne avec des bruits d'étain ;
Le bois flambe, noircit, s'effile en charbons roses.

Le royal exilé prend de sublimes poses ;
Il allonge son nez sur ses pieds de satin ;
Il s'endort, il échappe au stupide destin,
A l'irrémédiable écroulement des choses.

Les siècles en son cœur ont épaissi leur nuit,
Mais au fond de son cœur, inextinguible, luit
Comme un flambeau sacré, son rêve héréditaire :

Un soir d'or, le déclin empourpré du soleil,
De fûts noirs de palmiers sur l'horizon vermeil,
Un grand fleuve qui roule entre deux murs de terre.

Hippolyte Taine, *À trois chats, douze sonnets,*
Les souvenirs d'un chat, 1883.

Steinlen

Pantoum

C'est un petit jardin, désolé comme un champ,
L'herbe rousse frémit sous un vent monotone,
A l'ombre des vieux murs, que le lierre festonne.
Au fond des cieux plombés, baigne un soleil couchant.

L'herbe rousse frémit sous un vent monotone ;
Un oiseau près de moi file en s'effarouchant :
Au fond des cieux plombés, saigne un soleil couchant,
Dans les bassins, la voix des grenouilles détonne.

Un oiseau près de moi, file en s'effarouchant,
Le Chat Noir aux yeux verts, là-bas, se pelotonne,
Dans les bassins, la voix des grenouilles détonne ;
Les ombrages rouillés ont un funèbre chant !

Le Chat Noir aux yeux verts, là-bas, se pelotonne.
Il me fixe d'un œil satanique et méchant ;
Les ombrages rouillés ont un funèbre chant
Je t'aime, ô symphonie étrange de l'automne.

Louis Le Cardonnel, *Les Poèmes du Chat Noir*, 1881-1886.

Persane

La chambre, où l'été monotone
Confine les ors de sa gloire.
Une brise tiède frissonne
Et creuse d'argentines moires
Sur la chatte aux yeux de démone
Qui, sournoise et longue, vient boire
Dans le vase des anémones…

Anna de Noailles, *Derniers vers et poèmes d'enfance*, Chatte persane, 1934.

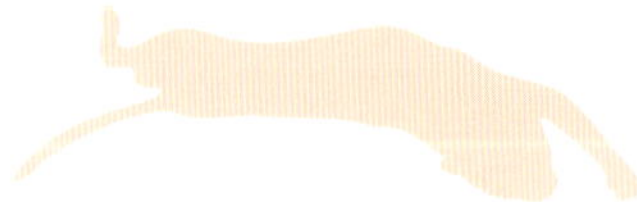

Le Familier

Feu de bois, soit mon chat ; étends-toi sur moi.
Gratte ta gorge et gronde et fredonne.
Tantôt tu bouscules dans les coins cachés les ombres qui font peur.
Tantôt tu roules et tu détends ton ventre fourré d'ambre
Où les mains te taquinent. Allonge ton corps languide et ronronne.
Ou bien arque ton dos, les yeux remplis de lueurs d'or,
Effraye-toi, aies peur de moi et de ma chambre qui bat les secondes.

Nous pourrions être seuls, plus que nous le sommes, mais jamais étrangers.
Nous sommes armés contre tous les dangers.

Bondis sur le silence, bondis sur la souris
Des menus chagrins, trop fine et trop lustrée.
Chasse de chez moi les brisures de rêves
En roulant du fond de ta gorge ton tambour de guerre
Arque, crache, fouis ; mais ne bondis pas sans me le dire
Sur le matin au ciel de plumes tigrées

Car j'aime toujours les jeunes vents bleus ; car toujours
Le matin je nourris de ma fenêtre la grive musicienne.

Robin Hyde, *Poèmes inédits*, 1937-1939.

山海愛度圖會
滑川大蛸
七
一勇齋國芳画

Étude de chat

Aujourd'hui depuis l'aube, ayant ripaillé
Au vieux château qui le vit naître,
Il est, sur son fauteuil poudreux et dépaillé,
Accroupi devant la fenêtre.

Il pleuvasse un peu, mais pour ce craintif de l'eau
L'ondée a trop de violence ;
Il reste au gîte, y fait son ronronnant solo
Dans la musique du silence.

Confit en sa mollesse, il peine à s'étirer ;
Piète, sort sa griffe, la rentre ;
Pour le moment, sans puce, et gavé son plein ventre
Il n'a plus rien à désirer.

Une poussière ayant picoté son nez rose,
Il éternue, et comme un loir,
Il s'étend, paresseux, chargé de nonchaloir,
Et genoux pliés se repose.

L'œil mi-clos, rêvassant plutôt qu'il ne sommeille,
Gardant l'ouïe et l'odorat,
Il guigne le grillon du mur, flaire le rat,
Ecoute ronfler une abeille.

Le temps passe, à la fin, de sieste en somnolence,
Il s'endort, puis, se réveillant,
Se rendort de nouveau, se réveille en bâillant,
Tant qu'il sort de son indolence.

Il toussote, se mouche et se désassoupit,
Bombe son échine et la creuse
En redressant sa queue alerte, tout heureuse
D'avoir terminé son répit.

Maurice Rollinat, *Les Bêtes*, 1911.

Plus un bruit

Chat chat chatte
Noir et blanc
Jour couchant
Prends ma patte
Dans ta main
Trop humain
Trop humain
Trop félin
Trop félin
Ton nez rose
Me repose
Mes maisons
Des raisons
Mes prisons
Tu t'en fiches
Tu te niches
Sur mon cou
Ton miaou
Me câline
Dodeline
Ton ronron
Me fait rond
Le cœur blond
Amoureuse
Et frileuse
Tu me dis
Mon ami
L'heure sonne
Mais personne
Que nous deux
Poil soyeux
Qui se joue
Sur ma joue
L'allumeur
Le bruit meurt
Chatte et homme
Font un somme
Plus un bruit
C'est la nuit

Pierre Albert-Birot,
Les Amusements naturels, Chatterie, 1945.

Sur mon cœur amoureux

Viens, mon beau chat, sur mon cœur amoureux ;
Retiens les griffes de ta patte,
Et laisse-moi plonger dans tes beaux yeux,
Mêlés de métal et d'agate.

Lorsque mes doigts caressent à loisir
Ta tête et ton dos élastique,
Et que ma main s'enivre du plaisir
De palper ton corps électrique,

Je vois ma femme en esprit. Son regard,
Comme le tien, aimable bête,
Profond et froid, coupe et fend comme un dard,

Et des pieds jusques à la tête,
Un air subtil, un dangereux parfum,
Nagent autour de ton corps brun.

Charles Baudelaire, *Les Fleurs du mal,* Le chat, 1857.

Dandys

Un affreux chat z-en casquette
courait après les souris.
Un affreux rat z-en liquette
grignotait du riz et du riz.
Auquel des deux la grande chance ?
Rasés de frais et mis en plis
ces deux bestioles sans souffrance
se transformèrent en dandys.
Enfants apprenez cette fable
sa morale et sa conclusion :
le coiffeur être formidable
a toujours et toujours incontestablement raison.

Raymond Queneau, *L'Instant fatal*, Fable, 1948.

Palissade

Le chat noir de la palissade
Promène son museau partout,
C'est un pirate en ambassade,
Le chat noir qui s'en vient chez nous.
Dans le jardin ou sur le toit,
En mille et une escapades,
De tous côtés, il est le roi.

Il est le tigre du Bengale
Et le prince des maraudeurs,
Sa moquerie est sans égale :
Ce chat-là est un chapardeur.

Il faut le voir, cet escogriffe,
Ce gracile animal ingrat
Qui lacère à grands coups de griffe
Les détritus de papiers gras.

Il mène sa vie à sa guise,
Ne faisant que ce qui lui plaît,
Il se complaît dans des bêtises
Qui ne valent pas un couplet.

Et cependant si ce vaurien
Ne commet que des incartades
À la maison, on l'aime bien,
Le chat noir de la palissade.

Henri Monnier, *Les Poèmes du Chat Noir*,
Le Chat noir de la palissade, 1881-1886.

Fourrure

Même un fantôme invisible reste un lieu
Où le regard se heurte et revient en écho.
Mais dans cette fourrure noire, le regard
Le plus fort se dissout,

Comme un fou que rien ne soulage
Fonce et hurle dans sa nuit noire
En cognant les murs mous de sa cellule
Et soudain s'apaise.

Elle garde et cache tous les regards
Tombés sur elle, et les surveille,
Public indifférent ou menaçant,
Puis s'endort avec eux.

Réveillée, elle montre sa face enfin,
Et soudain tu te vois minuscule,
Prisonnier de l'ambre de ses yeux,
Comme un insecte.

Rainer Maria Rilke, Le Chat noir, 1908.

Queue de souris

Un petit chat blanc
qui faisait semblant
d'avoir mal aux dents
disait en miaulant :

« Souris mon amie
j'ai bien du souci.
le docteur m'a dit :
tu seras guéri

si entre tes dents,
tu mets un moment,
délicatement,
la queue d'un'souris. »

Très obligeamment,
souris bonne enfant,
s'approcha du chat
qui se la mangea

MORALITÉ :

Les bons sentiments
ont l'inconvénient
d'amener souvent
de graves ennuis
aux petits enfants
comme -z-aux-souris.

Claude Roy, *Enfantasques*,
Le petit chat blanc, 1978.

Chaussons gris

Quel est ce chant quel est ce bruit
Qui froufroute et qui bourdonne ?
C'est la bouilloire qui fume ?
Non, c'est un petit rouet qui tourne.

Qui tourne. Quel rouet,
Tourne pour son seul plaisir
Et fredonne à ravir ?
Celui qui loge dans la gorge
De la chatte qui ronronne.

Ecoute son murmure,
Pense au rouet qui file
Au fuseau qui tourne,
Tourne et tourne
Sur son fil endormi.

Que va-t-elle faire, la chatte
Quand elle aura fini
De tourner son rouet,
Avec tout ce fil ?
Tricoter des chaussons ?

Drôle d'idée un rouet
Dans la gorge d'une chatte !
Gris est son chaton
Gris seront les chaussons
Qu'elle va tricoter.

Clara Doty Bates, *On the Tree Top*, 1881.

Berceuse

Endormons-nous, petit chat noir.
Voici que j'ai mis l'éteignoir
Sur la chandelle.
Tu vas penser à des oiseaux
Sous bois, à de félins museaux...
Moi rêver d'elle.

Nous n'avons pas pris de café,
Et dans mon lit bien chauffé
(Qui veille pleure.)
Nous dormirons, pattes dans bras.
Pendant que tu ronronneras,
J'oublierai l'heure.

Sous tes yeux fins, appesantis,
Reluiront les oaristys
De la gouttière.
Comme chaque nuit, je croirai
La voir, qui froide a déchiré
Ma vie entière.

Et ton cauchemar sur les toits
Te dira l'horreur d'être trois
Dans une idylle.
Je subirai les yeux railleurs
De son faux cousin, et ses pleurs
De crocodile.

Si tu t'éveilles en sursaut
Griffé, mordu, tombant du haut
Du toit, moi-même
Je mourrai sous le coup félon
D'une épée au bout du bras long
Du fat qu'elle aime.

Puis hors du lit, au matin gris,
Nous chercherons, toi, des souris,
Moi, des liquides
Qui nous fassent oublier tout,
Car au fond, l'homme et le matou
Sont bien stupides.

Charles Cros, *Le Coffret de santal*, 1873.

L'horloge

Les Chinois voient l'heure dans l'œil des chats. Un jour, un missionnaire, se promenant dans la banlieue de Nankin, s'aperçut qu'il avait oublié sa montre, et demanda à un petit garçon quelle heure il était. Le gamin du Céleste Empire hésita d'abord ; puis, se ravisant, il répondit : « Je vais vous le dire. » Peu d'instants après, il reparut, tenant dans ses bras un fort gros chat, et le regardant, comme on dit, dans le blanc des yeux, il affirma, sans hésiter : « Il n'est pas encore tout à fait midi. » Ce qui était vrai.

Pour moi, si je me penche vers la belle Féline, la si bien nommée, qui est à la fois l'honneur de son sexe, l'orgueil de mon cœur et le parfum de mon esprit, que ce soit la nuit, que ce soit le jour, dans la pleine lumière ou dans l'ombre opaque, au fond de ses yeux adorables je vois toujours l'heure distinctement, toujours la même, une heure vaste, solennelle, grande comme l'espace, sans division de minutes ni de secondes, une heure immobile qui n'est pas marquée sur les horloges, et cependant légère comme un soupir, rapide comme un coup d'œil.

Et si quelque importun venait me déranger pendant que mon regard repose sur ce délicieux cadran, si quelque génie malhonnête et intolérant, quelque démon du contretemps venait me dire : « Que regardes-tu avec tant de soin ? Que cherches-tu dans les yeux de cet être ? Y vois-tu l'heure, mortel prodigue et fainéant ? »

Je répondrais sans hésiter : « Oui, je vois l'heure : il est l'Eternité ! »

N'est-ce pas, madame, que voici un madrigal vraiment méritoire, et aussi emphatique que vous-même ?

En vérité, j'ai eu tant de plaisir à broder cette précieuse galanterie, que je ne vous demanderai rien en échange.

Charles Baudelaire, *Petits Poèmes en prose*, 1862.

Bleu et blanc

Un petit chat bleu
Semé de pois blancs
Vit un gros rat blanc
Semé de pois bleus.

Leurs mignonnes queues
Différaient de peu.

Oui, mais seulement
Le nez du chat bleu
Etait tout tout blanc,
Le nez du rat blanc
Etait tout tout bleu.

Leurs joues et leurs yeux
Différaient de peu.

Oui, mais seulement
Un cil du chat bleu
Etait tout tout blanc,
Un cil du rat blanc
Etait tout tout bleu.

A cause de ce peu,
De ce tout petit peu
De blanc et de bleu,
Ils continuèrent
A se faire la guerre.

Maurice Carême,
***La Cage aux grillons*, 1960.**

Ouate

Il tète avec avidité
Et se cogne au sein qu'il enlace.
Puis lorsque sa nourrice est lasse,
Il dort sur son ventre ouaté.

Pour le minet doux et futé
C'est un lit que rien ne remplace. Il tète avec avidité
Et se cogne au sein qu'il enlace

Quand il s'est bien lissé, gratté,
Pris la queue et vu dans la glace,
Après ses tournements sur place,
Et ses petits sauts de côté,
Il tète avec avidité.

Maurice Rollinat, *Dans les brandes*, Le minet, 1877.

Le chat de Natacha

Sachez mon cher Sacha
Que Natacha n'attacha pas son chat !

Natacha n'attacha pas son chat Pacha
Qui s'échappa.

Cela fâcha
Sacha
Qui chassa
Natacha.

Virelangue anonyme.

Amis de la science
et de la volupté

Les amoureux fervents et les savants austères
Aiment également, dans leur mûre saison,
Les chats puissants et doux, orgueil de la maison,
Qui comme eux sont frileux et comme eux sédentaires.

Amis de la science et de la volupté,
Ils cherchent le silence et l'horreur des ténèbres ;
L'Erèbe les eût pris pour des coursiers funèbres,
S'ils pouvaient au servage incliner leur fierté.

Ils prennent en songeant les nobles attitudes
Des grands sphinx allongés au fond des solitudes ;
Qui semblent s'endormir dans un rêve sans fin ;

Leurs reins féconds sont pleins d'étincelles magiques,
Et des parcelles d'or, ainsi qu'un sable fin,
Etoilent vaguement leurs prunelles mystiques.

Charles Baudelaire, *Les Fleurs du mal*, Les chats, 1857.

La maison

Sur la marche tiède un chat dort en boule.
Un frelon se cogne aux vitres ternies,
Où la vigne vierge et les araignées
Ne laissent passer que l'ombre des nuits.

Georges Chennevière, *La Légende du roi d'un jour*, 1927.

Chanson du chat gris

Heure très belle et très fine
Où le soleil non pareil
Qui décline
Promène sur le mur de longues tresses d'or !
Oh regarde ! Sur le gazon
Devant la maison

Le chat gris à la queue rayée,
Qui, charmant tigre domestique,
Lève une patte
Délicate
Et joue avec un moustique.

Louis Codet, *Poèmes et chansons*, 1926.

Felis sylvestris
Catus sylvestris
Gatto Montes Hispanis

Réhabilitation

J'aime dans le chat ce caractère indépendant et presque ingrat qui le fait ne s'attacher à personne, et cette indifférence avec laquelle il passe des salons à ses gouttières natales. On le caresse, il fait le gros dos, mais c'est un plaisir physique qu'il éprouve, et non, comme le chien, une niaise satisfaction d'aimer et d'être fidèle à son maître, qui le remercie à coups de pied. Buffon a maltraité le chat. Je travaille à sa réhabilitation, et j'espère en faire un animal à la mode du temps.

Chateaubriand, *Mémoires d'outre-tombe*, 1841.

Douceur féline

Rien n'est plus doux
Rien ne donne à la peau une sensation
Plus délicate
Plus raffinée
Plus rare
Que la robe tiède et vibrante d'un chat.

Guy de Maupassant, *Gil Blas,* 1886.

La lune

Dans la nuit qu'elle argente avec son regard blanc,
Faisant hurler les chiens et chanter les poètes,
La lune pend, légère, ainsi qu'un cerf-volant.

Au milieu des tuyaux longs et des girouettes
Qui dentellent les toits blancs de leur profil noir,
Chagrine, elle poursuit les chattes inquiètes,

En guettant les matous lascifs qui vont s'asseoir
Au bord de la gouttière, elle monte la garde
Devant ces diamants, les étoiles du soir.

Voici l'astre aux blancheurs métalliques qui farde
De craie, au fond du ciel, son masque glacial,
La Lune pâle et ronde, attirante et blafarde,

Comme un suave écu de cent sous idéal.

Louis Denise, *Les Poèmes du Chat Noir*, 1881-1886.

Comme un dieu paresseux

Méphistophélès félin
Est allongé au soleil.
C'est un chat élégant à la mine de lion
Bien élevé et gentil
mais un peu moqueur aussi.
Il est très musicien ; il comprend
Debussy, mais
N'aime pas Beethoven.
Mon chat s'est promené
De nuit sur le clavier,
Oh, quel plaisir
Dans son âme ! Debussy
Fut un chat philharmonique dans sa vie antérieure.
Ce Français génial a compris la beauté
De l'accord félin sur le clavier. Ce sont
Des accords modernes d'eau troublée d'ombre
(Moi chat je comprends).
Ils irritent le bourgeois : admirable mission !
La France admire les chats. Verlaine fut presque un chat
Laid et demi-catholique, sauvage et joueur,
Qui miaulait céleste à une lune invisible,
Rongé par les mouches et brûlé d'alcool.
La France aime les chats comme l'Espagne le torero.
Comme la Russie la nuit, comme la Chine le dragon.
Le chat est inquiétant, il n'est pas de ce monde. Il a
L'énorme prestige d'avoir été Dieu.

Avez-vous remarqué quand il nous regarde en sommeillant ?
Il semble nous dire : la vie est une succession
De rythmes sexuels. La lumière a un sexe,
L'étoile a un sexe, la fleur a un sexe.
Et il regarde répandant son âme verte dans l'ombre.
Nous tous voyons derrière le grand bouc.
Son esprit est androgyne aux sexes fanés,
Langueur féminine et vibration de mâle,
Un esprit étrange d'innocence et de luxure,
Vieillesse et jeunesse mariées par amour.
Ce sont des Philippe II dogmatiques et altiers,
Ils haïssent le chien parce qu'il est fidèle, la souris servile,
Ils admettent les caresses, la mine distinguée,
Et nous regardent d'un air serein et supérieur.
Pour moi, ce sont des maîtres de haute mélancolie,
Ils pourraient guérir des tristesses de civilisation.

L'énergie moderne, le tank et le biplan
Avivent dans les âmes l'antique douleur.
La vie à chaque pas affine les tristesses,
Les âmes cristallisent et la vérité s'est envolée,
Une graine d'amertume s'enterre et donne son épi.
Les chats le savent mieux que le semeur.
Ils sont un peu hiboux et serpents grossiers,
Et devaient avoir des ailes à leur création.
Et ils ont sûrement parlé avec ces êtres
Sataniques qu'Antoine vit de sa grotte.
Un chat furieux est presque Schopenhauer.
Horrible grognon au visage de vaurien,
Mais les chats sont toujours bien élevés
Et s'appliquent, graves, à s'allonger dans le soleil.
L'homme est méprisable (disent-ils), la mort
Arrive tôt ou tard. Jouissons de la chaleur !

Federico García Lorca, Cancion novisima de los gatos, extrait, 1939.
Primeras canciones, **1986. Traduction Béatrice Mandopoulos.**

Devenir chat

L'élégance regarda la femme et après l'avoir adorée
Voulut la surpasser.
Elle y parvint en prenant lignes, chevelure
Et yeux de verre, en devenant chat, l'être le plus beau.

Guillaume d'Aquitaine, dit le Troubadour, XIIe siècle.
Traduction Béatrice Mandopoulos.

乾隆丁卯三秋南蘋沈銓寫

Quel secret dort…

Chatte blanche, chatte sans tache,
Je te demande, dans ces vers,
Quel secret dort dans tes yeux verts,
Quel sarcasme sous ta moustache.

Tu nous lorgnes, pensant tout bas
Que nos fronts pâles, que nos lèvres
Déteintes en de folles fièvres,
Que nos yeux creux ne valent pas.

Ton museau que ton nez termine,
Rose comme un bouton de sein,
Tes oreilles dont le dessin
Couronne fièrement ta mine.

Pourquoi cette sérénité ?
Aurais-tu la clé des problèmes
Qui nous font frissonnants et blêmes,
Passer le printemps et l'été ?

Devant la mort qui nous menace,
Chats et gens, ton flair, plus subtil
Que notre savoir, te dit-il
Où va la beauté qui s'efface,

Où va la pensée, où s'en vont
Les défuntes splendeurs charnelles ?…
Chatte, détourne tes prunelles ;
J'y trouve trop de noir au fond.

Charles Cros, *Le Coffret de santal*, À une chatte blanche, 1873.

Femme et chatte

Elle jouait avec sa chatte,
Et c'était merveille de voir
La main blanche et la blanche patte
S'ébattre dans l'ombre du soir.

Elle cachait — la scélérate ! —
Sous ses mitaines de fil noir
Ses meurtriers ongles d'agate,
Coupants et clairs comme un rasoir.

L'autre aussi faisait la sucrée
Et rentrait sa griffe acérée,
Mais le diable n'y perdait rien…

Et dans le boudoir où, sonore,
Tintait son rire aérien
Brillait quatre points de phosphore.

Paul Verlaine, *Poèmes saturniens*, 1866.

Épitaphe

À peu que le cœur ne m'en crève
Quand j'en parle ou quand j'en écris :
C'est Belaud mon petit chat gris
Belaud qui fut par aventure
Le plus bel œuvre que nature
Fit onc en matière de chats.

Joachim Du Bellay, *Divers Jeux rustiques,* Épitaphe d'un chat, 1558.

Toilette

À l'œuvre maintenant ! Toilette et gratterie
L'absorbent tout entier. Le chat,
Si propre tel qu'il est, si bien peigné déjà,
Se lisse avec coquetterie.

Que par hasard un poil se colle sur sa langue,
Pour l'avaler, le miauleur
Grimace en mâchonnant, fait comme un beau parleur
Qui s'empêtre dans sa harangue.

À piochement de tête onduleux, brusque et drôle,
Il se râpe le bas du cou ;
Des griffes et des dents il insiste beaucoup
Aux démangeaisons de l'épaule.

Son opération, d'un arrêt s'entrecoupe :
Il tend son regard et son flair,
Et le col et les reins en arc, et la cuisse en l'air,
Lèche les abords de sa croupe.

Sans voir ce que la pluie en tapotant gribouille
Sur la crasse de son carreau,
Il humecte longtemps le caoutchouc noiraud
De sa patte, et se débarbouille.

Éveillée à présent, mutine se détache
Sur un fond d'ombre vague aux clairs-obscurs tremblants,
Sa frimousse qui montre espacés et tout blancs
Les poils raides et droits lui servant de moustache.

Mais la pluie a cessé. Quelqu'un entre soudain.
Le matou sort d'un bond, gagne cour et jardin,
Et bientôt on le voit marchant à pas tranquilles
Au long du vieux chenal, sur la mousse des tuiles.

Maurice Rollinat, *Les Bêtes*, La toilette du chat, 1911.

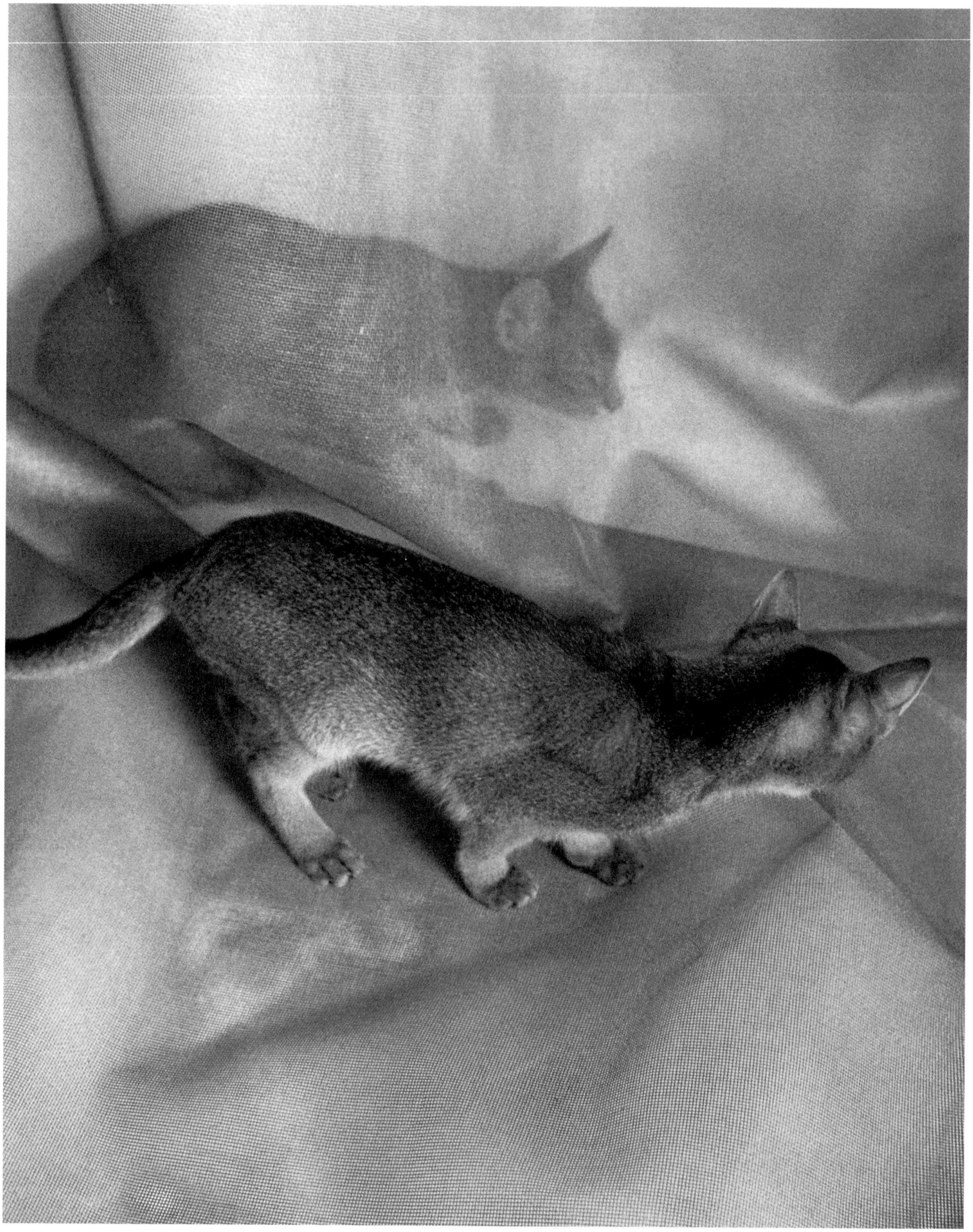

Sombre complice

Panthère du foyer, tigre en miniature,
Tu me plais par ton vague et ton aménité,
Et je suis ton ami, car nulle créature
N'a compris mieux que toi ma sombre étrangeté,
Panthère du foyer, tigre en miniature.

Maurice Rollinat, *Les Névroses*, 1883.

Devant le feu

Les chats trempent leur langue rose
Au bord des soucoupes de lait ;
Les yeux fixés sur le soufflet,
Le chien bâille en songeant, morose.

Et tandis qu'il songe et repose
Près de la flamme au chaud reflet,
Les chats trempent leur langue rose
Au bord des soucoupes de lait.

Dans le salon, seul le feu glose ;
Mère-grand dit son chapelet,
Suzanne dort sur un ourlet,
Et dans le lait, paupière close,
Les chats trempent leur langue rose.

Charles Guérin, *Joies grises,* Le lait des chats, 1894.

À la lune

Le chat allait çà et là.
Et la lune tournoyait.
Parent de la lune,
Le chat furtif leva les yeux.
Noir Minnaloushe regarde la lune,
Car, errant et chantant comme il est,
La pure lumière froide, là-haut
Trouble son sang animal.
Minnaloushe avance dans l'herbe
En levant ses pieds délicats.
Danses-tu, Minnaloushe, danses-tu ?

William Butler Yeats, *The Wild Swans at Coole,* The Cat and the Moon, 1919.
Traduction Clara Mouche.

Vieux frère

Mon chat, hôte sacré de ma vieille maison,
De ton dos électrique arrondis la souplesse,
Viens te pelotonner sur mes genoux, et laisse
Que je plonge mes doigts dans ta chaude toison.

Ferme à demi, les reins émus d'un long frisson,
Ton œil vert qui me raille et pourtant me caresse,
Ton œil vert semé d'or, qui, chargé de paresse,
M'observe d'ironique et bénigne façon.

Tu n'as jamais connu, philosophe, ô vieux frère,
La fidélité sotte et bruyante du chien :
Tu m'aimes cependant, et mon cœur le sent bien.

Ton amour clairvoyant, et peut-être éphémère,
Me plaît, et je salue en toi, calme penseur,
Deux exquises vertus : scepticisme et douceur.

Jules Lemaître, *Les Médaillons,* À mon chat, 1896.

Chatons dans tous les coins

Chatons, chatons dans tous les coins,
Chatons mâchonnant mes lorgnons,
Chatons griffant mes pantalons,
Chatons partout sous les coussins,
Un chaton derrière, un chaton devant…
Comment seront-ils donc, quand ils seront grands ?

Chatons qui bataillent en tout lieu,
Chatons qui roulent le long des escaliers,
Un chaton sur ma tête,
Un chaton sur la galette,
Un chaton dans mon soulier…
Je ne peux pas le croire : ils ne sont que deux !

William Wordsworth, *Irregular Verses Addressed to a Child*, 1832.
Traduction Clara Mouche.

Chats
de partout

Je suis le chat de cimetière,
De terrain vague et de gouttière,
De Haute-Égypte et du ruisseau
Je suis venu de saut en saut.

Je suis le chat qui se prélasse
A l'instant où le soleil passe,
Dans vos jardins et dans vos cours
Sans avoir patte de velours.

Je suis le chat de l'infortune,
Le trublion du clair de lune
Qui vous réveille dans la nuit
Au beau milieu de vos ennuis.

Je suis le chat des maléfices
Condamné par le Saint-Office ;
J'évoque la superstition
Qui cause vos malédictions.

Je suis le chat qui déambule
Dans vos couloirs de vestibules,
Et qui fait ses petits besoins
Sous la porte cochère du coin.

Je suis le félin bas de gamme,
La bonne action des vieilles dames
Qui me prodiguent le ron-ron
Sans souci du qu'en dira-t-on.

Epargnez-moi par vos prières
Le châtiment de la fourrière
Où finissent vos émigrés
Sans demeure et sans pedigree.

Henri Monnier, *Les Chansons du Chat Noir*, 1881-1886.

Le chat
et le moineau

La prudence est bonne en soi ;
Mais la pousser trop loin est une duperie :
L'exemple suivant fait foi.
Des moineaux habitaient dans une métairie.
Un beau champ de millet, voisin de la maison,
Leur donnait du grain à foison.
Ces moineaux dans le champ passaient toute leur vie,
Occupés de gruger les épis de millet.
Le vieux chat du logis les guettait d'ordinaire,
Tournait et retournait ; mais il avait beau faire,
Sitôt qu'il paraissait, la bande s'envolait.
Comment les attraper ? Notre vieux chat y songe,
Médite, fouille en son cerveau,
Et trouve un tour tout neuf. Il va tremper dans l'eau
Sa patte, dont il fait éponge.
Dans du millet en grain aussitôt il la plonge ;
Le grain s'attache tout autour.
Alors, à cloche-pied, sans bruit, par un détour,
Il va gagner le champ, s'y couche
La patte en l'air et sur le dos,
Ne bougeant non plus qu'une souche.
Sa patte ressemblait à l'épi le plus gros ;
L'oiseau s'y méprenait, il approchait sans crainte,
Venait pour becqueter : de l'autre patte, crac !
Voilà mon oiseau dans le sac.
Il en prit vingt par cette feinte.
Un moineau s'aperçoit du piège scélérat
Et prudemment fuit la machine,
Mais dès ce jour il s'imagine
Que chaque épi de grain était patte de chat.
Au fond de son trou solitaire
Il se retire et plus n'en sort,
Supporte la faim, la misère,
Et meurt pour éviter la mort.

Jean-Pierre Claris de Florian, *Fables*, 1792.

Je souhaite…

Je souhaite dans ma maison :
Une femme ayant sa raison,
Un chat passant parmi les livres,
Des amis en toute saison
Sans lesquels je ne peux pas vivre.

Guillaume Apollinaire, *Le Bestiaire*, Le chat, 1911.

Le sphinx

Ô mon beau chat frileux, quand l'automne morose
Faisait glapir plus fort les mômes dans les cours,
Combien passâmes-nous de ces spleeniques jours
À rêver face à face en ma chambre bien close.

Lissant ton poil soyeux de ta langue âpre et rose
Trop grave pour les jeux d'autrefois et les tours,
Lentement tu venais de ton pas de velours
Devant moi t'allonger en quelque noble pose.

Et, je songeais, perdu dans tes prunelles d'or
Il ne soupçonne rien, non, du globe stupide
Qui l'emporte avec moi tout au travers du vide.

Rien des astres lointains, des dieux ni de la mort ?
Pourtant !… quels yeux profonds !… il m'intimide
Saurait-il donc le mot ? – Non, c'est le sphinx encore.

Jules Laforgue, *Poèmes inédits,*
À la mémoire d'une chatte naine que j'avais, 1877.

Il a neigé

Il a neigé dans l'aube rose,
Si doucement neigé
Que le chaton noir croit rêver.
C'est à peine s'il ose
Marcher.

Il a neigé dans l'aube rose,
Si doucement neigé,
Que les choses
Semblent avoir changé.

Et le chaton noir n'ose
S'aventurer dans le verger,
Se sentant soudain étranger
À cette blancheur où se posent,
Comme pour le narguer,
Des moineaux effrontés.

Maurice Carême, *La Lanterne magique,* 1947.

Petit museau, petites dents

Petit museau, petites dents,
Yeux qui n'étaient point trop ardents,
Mais desquels la prunelle perse
Imitait la couleur diverse
Qu'on voit en cet arc pluvieux
Qui se courbe au travers des cieux ;
La tête à la taille pareille,
Le col grasset, courte l'oreille,
Et dessous un nez ébénin
Un petit mufle léonin,
Autour duquel était plantée
Une barbelette argentée
Armant d'un petit poil follet
Son musequin damoiselet ;
La gorge douillette et mignonne,
La queue longue et guenonne,
Mouchetée diversement
D'un naturel bigarrement :
Tel fut Belaud, la gente bête
Qui des pieds jusques à la tête,
De telle beauté fut pourvu,
Que son pareil on n'a point vu.

Joachim Du Bellay, *Divers Jeux rustiques*,
Épitaphe d'un chat, 1558.

Frissons

Aux becs de gaz éteints, la nuit, en la maison,
Ils prolongent souvent des plaintes éternelles ;
Et sans que nous puissions dans leurs glauques prunelles
En sonder la sinistre et mystique raison.

Parfois, leur dos aussi secoue un long frisson ;
Leur poil vif se hérisse à des jets d'étincelles
Vers les minuits affreux d'horloges solennelles
Qu'ils écoutent sonner de bizarre façon.

Emile Nelligan, *Poésies complètes*, Les chats, 1903.

Vénus et Aphrodite

Prends ton ciseau, sculpteur ; polis ton diamant,
Lapideur, émailleur, fonds ta pâte. Les belles
Que j'aime, les voici ; je les veux immortelles ;
Éternisez pour moi leurs grâces d'un moment.

Sauvez-les de la mort par votre enchantement.
L'une est noire ; ses cils couvent des étincelles.
Le jaspe étoile d'or me rendra ses prunelles,
Et le basalte noir son corps souple et charmant.

L'autre est de jais, d'albâtre, et d'ambre chamarrée ;
Pour sa robe, taillez la roche bigarrée ;
L'émeraude fera la splendeur de ses yeux ;

Et j'aurai, pour peupler mon intime oratoire,
Parmi mes dieux privés, deux lares glorieux,
La Vénus tricolore et l'Aphrodite noire.

Hippolyte Taine, *À trois chats, douze sonnets,* Les pénates, 1883.

一鵬斎芳藤画

L'idole

Le chat s'étend de la divinité au lapin.
Poursuivi, hors les portes, par le rustre, brutalement,
il redevient, à l'intérieur, dans des recoins d'ombre,
quelque chose comme nos lares, l'idole de l'appartement.

Stéphane Mallarmé, *Correspondance*, 1862-1871.

Presse-papiers

C'est un petit chat noir, effronté comme un page.
Je le laisse jouer sur ma table, souvent.
Quelquefois il s'assied sans faire de tapage ;
On dirait un joli presse-papiers vivant.

Rien de lui, pas un poil de sa toison ne bouge.
Longtemps, il reste là, noir sur un feuillet blanc,
À ces matous, tirant leur langue de drap rouge,
Qu'on fait pour essuyer les plumes, ressemblant.

Mais le voilà qui sort de cette nonchalance,
Et faisant le gros dos, il a l'air d'un manchon ;
Alors, pour l'intriguer un peu, je lui balance,
Au bout d'une ficelle invisible, un bouchon.

Il fuit en galopant et la mine effrayée,
Puis revient au bouchon, le regarde, et d'abord
Tient suspendue en l'air sa patte repliée,
Puis l'abat, et saisit le bouchon, et le mord.

Je tire la ficelle, alors, sans qu'il la voie ;
Et le bouchon s'éloigne, et le chat noir le suit,
Faisant des ronds avec sa patte qu'il envoie,
Puis saute de côté, puis revient, puis s'enfuit.

Mais dès que je lui dis : « Il faut que je travaille ;
Venez vous asseoir là, sans faire le méchant ! »
Il s'assied… Et j'entends, pendant que j'écrivaille,
Le petit bruit mouillé qu'il fait en se léchant.

Edmond Rostand, *Les Musardines*, Le petit chat, 1911.

Sonnet
à Ménine

Ménine aux yeux dorés, au poil doux, gris et fin,
La charmante Ménine, unique en son espèce ;
Ménine, les amours d'une illustre duchesse
Et dont plus d'un mortel enviait le destin.

Ménine qui jamais ne connut de Ménin,
Et qui fut de son temps des chattes de Lucrèce
Chatte pour tout le monde, et pour les chats tigresse :
Au milieu de ses jours en a trouvé la fin.

Que lui sert, maintenant, que dédaigneuse et fière
Jamais d'aucun matou, sur aucune gouttière,
Elle n'ait écouté les amoureux regrets ?

La Parque étend ses droits sur tout ce qui respire
Et de ne rien aimer tout le fruit qu'on retire,
C'est une triste vie, et puis la mort après.

Joachim Du Bellay, *Divers Jeux rustiques*, 1558.

Un chat
perdu

Un chat perdu rôdait
Aux portes des maisons.
Une vieille cousait,
Assise à son balcon.

« O vieille ! dit le chat,
Je vis de peu de chose :
Deux pétales de rose
Comblent mon estomac. »

« En ce cas, dit la vieille,
Entrez, pauvre matou ;
Dormez dans ma corbeille,
Faites comme chez vous. »

Mais allez croire un chat !
Dès qu'il fut chez la vieille,
Il lui mangea jusqu'à
L'ouate de ses oreilles.

Maurice Carême, *La Lanterne magique*, 1947.

Femme, serpent, colombe...

Je comprends que le chat ait frappé Baudelaire
Par son être magique où s'incarne le sphinx ;
Par le charme câlin de la lueur si claire
Qui s'échappe à longs jets de ses deux yeux de lynx,
Je comprends que le chat ait frappé Baudelaire.

Femme, serpent, colombe et singe par la grâce,
Il ondule, se cambre et regimbe aux doigts lourds ;
Et lorsque sa fourrure abrite une chair grasse,
C'est la beauté plastique en robe de velours :
Femme, serpent, colombe et singe par la grâce,

Vivant dans la pénombre et le silence austère
Où ronfle son ennui comme un poêle enchanté,
Sa compagnie apporte à l'homme solitaire
Le baume consolant de la mysticité
Vivant dans la pénombre et le silence austère.

Tour à tour triste et gai, somnolent et folâtre,
C'est bien l'âme du gîte où je me tiens sous clé ;
De la table à l'armoire et du fauteuil à l'âtre,
Il vaque, sans salir l'objet qu'il a frôlé,
Tour à tour triste et gai, somnolent et folâtre.

Maurice Rollinat, *Les Névroses*, Le chat, 1883.

Sa voix

Cette voix, qui perle et qui filtre
Dans mon fond le plus ténébreux,
Me remplit comme un vers nombreux
Et me réjouit comme un philtre.

Elle endort les plus cruels maux
Et contient toutes les extases ;
Pour dire les plus longues phrases,
Elle n'a pas besoin de mots.

Non, il n'est pas d'archet qui morde
Sur mon cœur, parfait instrument,
Et fasse plus royalement
Chanter sa plus vibrante corde,

Que ta voix, chat mystérieux,
Chat séraphique, chat étrange,
En qui tout est, comme en un ange,
Aussi subtil qu'harmonieux.

Charles Baudelaire, *Les Fleurs du mal*, Le chat I, 1857.

Le chat
et un vieux rat

J'ai lu chez un conteur de fables,
Qu'un second Rodilard, l'Alexandre des chats,
L'Attila, le fléau des rats,
Rendait ces derniers misérables ;
J'ai lu, dis-je, en certain auteur,
Que ce chat exterminateur,
Vrai Cerbère, était craint une lieue à la ronde :
Il voulait de souris dépeupler tout le monde.
Les planches qu'on suspend sur un léger appui,
La mort-aux-rats, les souricières,
N'étaient que jeux au prix de lui.
Comme il voit que dans leurs tanières
Les souris étaient prisonnières,
Qu'elles n'osaient sortir, qu'il avait beau chercher,
Le galant fait le mort, et du haut d'un plancher
Se pend la tête en bas : la bête scélérate
À de certains cordons se tenait par la patte.
Le peuple des souris croit que c'est châtiment,
Qu'il a fait un larcin de rôt ou de fromage,
Egratigné quelqu'un, causé quelque dommage ;

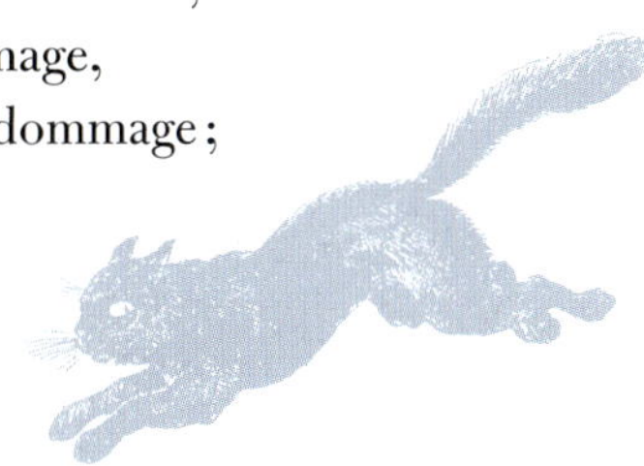

Enfin, qu'on a pendu le mauvais garnement.
Toutes, dis-je, unanimement,
Se promettent de rire à son enterrement,
Mettent le nez à l'air, montrent un peu la tête,
Puis rentrent dans leurs nids à rats,
Puis ressortant font quatre pas,
Puis enfin se mettent en quête.
Mais voici bien une autre fête :
Le pendu ressuscite ; et, sur ses pieds tombant,
Attrape les plus paresseuses.
« Nous en savons plus d'un, dit-il, en les gobant :
C'est tour de vieille guerre, et vos cavernes creuses
Ne vous sauveront pas, je vous en avertis :
Vous viendrez toutes au logis. »
Il prophétisait vrai : notre maître Mitis,
Pour la seconde fois les trompe et les affine,
Blanchit sa robe et s'enfarine ;

Et, de la sorte déguisé,
Se niche et se blottit dans une huche ouverte.
Ce fut à lui bien avisé :
La gent trotte-menu s'en vient chercher sa perte.
Un rat, sans plus, s'abstient d'aller flairer autour :
C'était un vieux routier, il savait plus d'un tour ;
Même il avait perdu sa queue à la bataille.
« Ce bloc enfariné ne me dit rien qui vaille,
S'écria-t-il de loin au général des chats.
Je soupçonne dessous encor quelque machine :
Rien ne te sert d'être farine ;
Car, quand tu serais sac, je n'approcherais pas. »
C'était bien dit à lui ; j'approuve sa prudence :
Il était expérimenté,
Et savait que la méfiance
Est mère de la sûreté.

Jean de La Fontaine, *Fables,* III, 18, 1668.

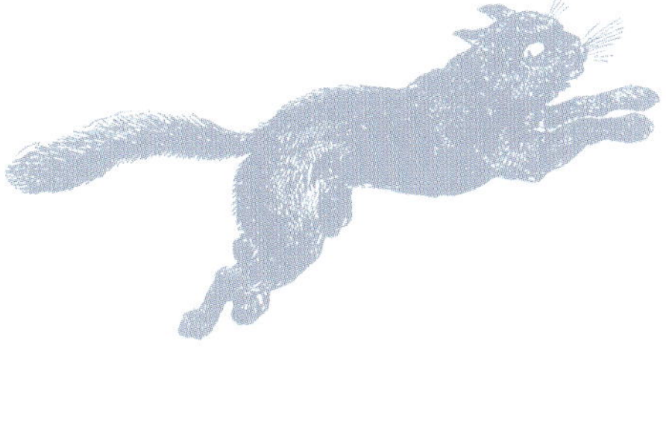

Dors

Dors, mignon chat blanc, dors
Reste à ronronner, reste couché,
Et ferme un peu tes yeux semés d'or ;
Les souris montrent leur nez aux trous du plancher.

Dors, mignon chat blanc, mignon chat gris,
Avec ton ruban de soie au cou ;
Les souris vont venir, les jolies souris
Que tu griffes à petits coups.

Elles vont s'attabler autour
De la bonne assiette au gâteau :
Dors, mignon chat blanc à pattes de velours,
Et ne t'éveille pas trop tôt.

Tristan Klingsor, *Le Valet de cœur*, Le chat dort (berceuse), 1908.

Entrechat

Longue oreille, des crocs intacts, des vrais ivoires,
Le corps svelte quoique râblu,
Son beau pelage court et gris à barres noires
Lui faisant un maillot velu ;

Des yeux émeraudés, vieil or, mouillant leur flamme
Qui, doux énigmatiquement,
Donnent à son minois le mièvre et le charmant,
D'un joli visage de femme.

Avec cela rôdeur des gouttières, très brave,
Fort et subtil, tel est ce chat,
Pratiquant à loisir le bond et l'entrechat,
Au grenier comme dans la cave.

Maurice Rollinat, *Les Bêtes*, Étude de chat, 1911.

Trésor des gueux

Ah ! Qu'il était, mon chat botté,
Luisant d'amour et de gaîté,
Quand, chat d'audace,
Avec des airs exorbitants,
Il précédait mes beaux vingt ans
En criant : « Place !

Place au marquis de Carabas !
Ohé ! Vous tous, là-haut, là-bas,
Place à mon maître !
Admirez, peuples étonnés,
L'homme depuis le bout du nez
Jusqu'à la guêtre ;

Avouez qu'il réussira ;
Qu'en force, en grâce et cætera
Il outrepasse
Le droit qu'on a sous le soleil
D'être un chef-d'œuvre sans pareil,
Et faites place !

Si vous en doutiez, par malheur,
Vous seriez — j'en essuie un pleur
Lorsque j'y rêve,
Ma parole de chat botté ! —
Hachés comme chair à pâté,
Hachés sans trêve. »

Ainsi parlait dans ce temps-là
Mon chat en habit de gala,
Mettant flamberge
À tous les vents, frappant d'estoc,
Le verbe haut, le poil en croc,
La queue en cierge.

Au temps où ses bottes de cuir
Neuf lui donnaient, sur l'avenir
Et sur l'espace,
Un crédit presque illimité,
Ainsi parlait mon chat botté…
Hélas tout passe.

Le feu des yeux, l'émail des dents,
Les nerfs, au fil des ans,
Tout passe et casse ;
Et, nu-pattes, navré et perclus,
Mon ancien boute-en-train n'a plus
Que la carcasse.

Or, le héros du conte bleu
Garde à présent le coin du feu,
Morne, asthmatique,
Transi, flétri, fini, moisi,
Débotté pour toujours, quasi
Paralytique ;

Et j'ai grand'peur à tout moment
De voir mourir d'épuisement
L'ami d'enfance,
Que, pour moins de solennité
J'appelle ici le chat botté
Mais qu'on nomme aussi : l'Espérance.

André Gill, *Les Poèmes du Chat Noir*, 1881-1886.

Chanson

Chat, chat, chat,
Chat noir, chat blanc, chat gris,
Charmant chat couché, chat, chat, chat
N'entends-tu pas les souris
Danser à trois des entrechats sur le plancher ?

Le bourgeois ronfle dans son lit,
De son bonnet de coton coiffé,
Et la lune regarde à travers la vitre.
Dansez, souris, dansez, jolies, dansez vite,
En remuant vos fines queues de fées.

Tristan Klingsor, *Le Valet de cœur*, 1908.

Chat
de bureau

Sur le bureau couvert de taches d'encre bleue
Où livres et cahiers gisent ouverts ou clos,
Il passe comme un souffle, effleurant de sa queue
La feuille où ma pensée allume ses falots,
Sur le bureau couvert de taches d'encre bleue.

Quand il mouille sa patte avec sa langue rose
Pour lustrer son poitrail et son minois si doux,
Il me cligne de l'œil en faisant une pause,
Et je voudrais toujours l'avoir sur mes genoux
Quand il mouille sa patte avec sa langue rose.

Accroupi chaudement aux temps noirs de décembre
Devant le feu qui flambe, ardent comme un enfer,
Pense-t-il aux souris dont il purge ma chambre
Avec ses crocs de nacre et ses ongles de fer ?
Non ! Assis devant l'âtre aux temps noirs de décembre

Entre les vieux chenets qui figurent deux nonnes
À la face bizarre, aux tétons monstrueux,
Il songe à l'angora, mignonne des mignonnes
Qu'il voudrait bien avoir, le beau voluptueux,
Entre les vieux chenets qui figurent deux nonnes.

Maurice Rollinat, *Les Névroses,* Le chat, 1883.

Chat Ganté contre Chat Botté

Le Chat Botté enfile ses bottes,
Ses belles bottes de sept lieues.
Dans son fourreau il met sa rapière,
Il lisse ses moustaches
Devant son miroir.
Il va se battre en duel
A l'aube
Pour les beaux yeux d'une chatte
À sept minutes de là,
Avec le Chat Ganté.

Le Chat Ganté enfile ses gants,
Ses beaux gants de sept minutes.
Dans son fourreau il met sa rapière,
Il lisse ses moustaches,
Devant son miroir.
Il va se battre en duel
À l'aube
Pour les beaux yeux d'une chatte
À sept lieues de là,
Avec le Chat Botté.
Il y a deux témoins :
Le Chat Huant
Qui crie comme un putois
Et le Chat
Poe
Qui est sourd.

Les épées sortent des fourreaux,
Les lames brillent.
Le Chat Botté
Fait un bond de sept lieues en arrière
Mais le Chat Ganté
Saute sept minutes en avant
Et quand le Chat Botté réapparaît il lui passe
Sa rapière à travers le corps.
Le Chat Botté expire.
Le Chat Ganté essuie la lame dans l'herbe,
La rentre dans le fourreau,
Lisse ses moustaches
Prend une poignée d'herbes à chat
Dans sa tabatière.

En quelques bonds il s'en va
Conquérir le cœur de la belle
Chatte
Hier.

Jacques Roubaud, *Les Animaux de personne*, Le Chat Ganté, 1991.

La ballade des chats

Il en est de tout noirs, des chats d'Andalousie
Exubérants d'amour et fous de jalousie :
Des chats à la peau brune, au pelage soyeux,
Sortant au moindre appel de leur douce paresse
Pour se tendre à la main d'où leur vient la caresse
Et se cambrer joyeux !

Il en est de tout roux, des grands chats d'Allemagne,
Importés sur le Rhin du temps de Charlemagne :
Des chats très froids, très mous que chacun peut saisir,
Sans les tirer de leur état soporifère,
Des chats qu'on flatte en vain et qui se laissent faire
Sans plainte et sans plaisir !

Il en est de tout blancs comme un bloc de Carrare,
Des chats immaculés, le chat vierge — très rare —
Farouche au premier qui les frôle de près,
Égratignant leur maître aussitôt qu'il fait mine
D'effleurer de ses doigts leur délicate hermine…
Mais se calmant après !

Il en est de petits, de moyens et d'énormes,
D'obèses, de fluets et de toutes les formes.
Certains bâillent d'ennui, certains autres sont gais ;
Certains ont par moments des ardeurs érotiques,
Certains sont, au contraire, hébétés, chlorotiques,
Tristes ou fatigués.

Mais comme dans l'Eden, les chats et l'Eve humaine
Sont soumis de naissance au même phénomène,
Qu'ils soient noirs, blancs ou roux, dodus ou rabougris,
Dès que la nuit s'abat sur les toits et les tentes
Toutes les femmes ont des ivresses latentes,
Et tous les chats sont gris !

Henry de Fleurigny, *Poèmes choisis*, 1916.

Le miroir

Philosophes hardis, qui passez votre vie
À vouloir expliquer ce qu'on n'explique pas,
Daignez écouter, je vous prie,
Ce trait du plus sage des chats.
Sur une table de toilette
Ce chat aperçut un miroir ;
Il y saute, regarde, et d'abord pense voir
Un de ses frères qui le guette.
Notre chat veut le joindre, il se trouve arrêté.
Surpris, il juge alors la glace transparente,
Et passe de l'autre côté,
Ne trouve rien, revient, et le chat se présente.
Il réfléchit un peu : de peur que l'animal,
Tandis qu'il fait le tour, ne sorte,
Sur le haut du miroir il se met à cheval,
Deux pattes par ici, deux par là ; de la sorte
Partout il pourra le saisir.
Alors, croyant bien le tenir,
Doucement vers la glace il incline la tête,
Aperçoit une oreille, et puis deux… à l'instant,
À droite, à gauche il va jetant
Sa griffe qu'il tient toute prête :
Mais il perd l'équilibre, il tombe et n'a rien pris.

Alors, sans davantage attendre,
Sans chercher davantage ce qu'il ne peut comprendre,
Il laisse le miroir et retourne aux souris :
Que m'importe, dit-il, de percer ce mystère ?
Une chose que notre esprit,
Après un long travail, n'entend ni ne saisit,
Ne nous est jamais nécessaire.

Jean-Pierre Claris de Florian, *Fables*, Livre I, 1792.

Le lait

Tout d'abord, de son nez délicat il le flaire.
Le frôle ; puis, à coups de langue très petits,
Il le lampe, et dès lors il est à son affaire ;
Et l'on entend, pendant qu'il boit un clapotis.

Il boit, bougeant la queue, et sans faire une pause,
Et ne relève enfin son joli museau plat
Que lorsqu'il a passé sa langue rêche et rose
Partout, bien proprement débarbouillé le plat.

Alors, il se pourlèche un moment les moustaches
Avec l'air étonné d'avoir déjà fini ;
Et, comme il s'aperçoit qu'il s'est fait quelques taches,
Il relustre avec soin son pelage terni.

Ses yeux jaunes et bleus sont comme deux agates ;
Il les ferme à demi, parfois, en reniflant,
Se renverse, ayant pris son museau dans ses pattes,
Avec des airs de tigre étendu sur le flanc.

Edmond Rostand, *Les Musardines*, Le petit chat, 1911.

Sensations

Des cils roides et longs, antennes hérissées,
Font sentinelle autour de son nez frémissant ;
Et le plus léger bruit qui le frôle en passant
Élargit sur son front ses oreilles dressées.

Quand la nuit a brouillé les formes effacées,
Il voit ; le monde noir à son regard perçant
Ouvre ses profondeurs ; il distingue, il pressent ;
Ses sens plus acérés aiguisent ses pensées.

Des craquements de feu courent sur son poil roux ;
Tout le long de sa moelle un tressaillement doux
Conduit l'émotion en son âme inquiète.

Les poils de son museau vibrent à l'unisson,
Et sa queue éloquente a le divin frisson,
Comme une lyre d'or aux mains d'un grand poète.

Hippolyte Taine, *À trois chats, douze sonnets,* La sensibilité, 1883.

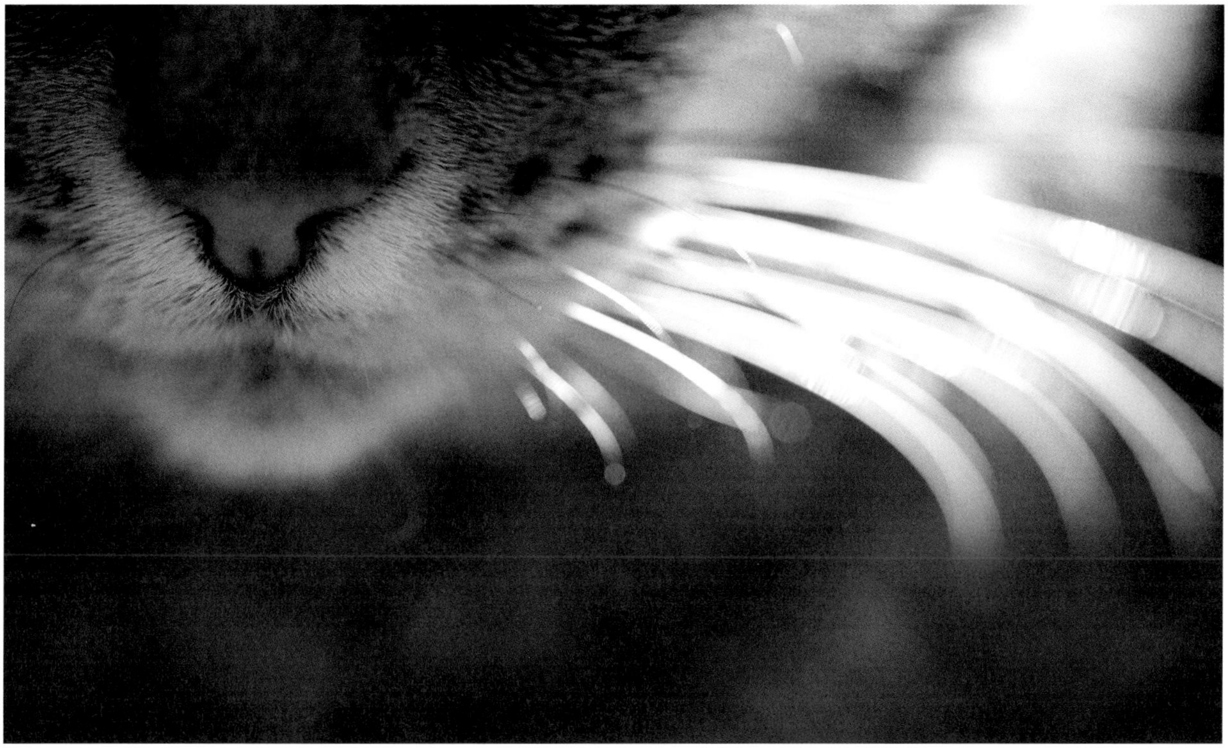

Quand on est chat...

Quand on est chat on n'est pas vache
On ne regarde pas passer les trains
En mâchant des pâquerettes avec entrain
On reste derrière ses moustaches
(Quand on est chat, on est chat)

Quand on est chat on n'est pas chien
On ne lèche pas les vilains moches
Parce qu'ils ont du sucre plein les poches
On ne brûle pas d'amour pour son prochain
(Quand on est chat, on n'est pas chien)

On passe l'hiver sur le radiateur
À se chauffer doucement la fourrure

Au printemps on monte sur les toits
Pour faire taire les sales oiseaux

On est celui qui s'en va tout seul
Et pour qui tous les chemins se valent
(Quand on est chat, on est chat)

**Jacques Roubaud, *Les Animaux de tout le monde*,
Poème du chat, 1990.**

Le vent du soir

Le vent du soir
Entre par la fenêtre.
Mon chat aussi.

Charles Simond, *Quand enfant j'étais un autre*, 2009.

名所江戸百景
浅草田甫酉の町詣
廣重画
下谷魚栄

Praxis

« Cultive ton jardin », disaient Goethe et Voltaire ;
Au-delà, ton ouvrage est caduc et mort-né ;
Enfermons nos efforts dans un cercle borné ;
Point d'écarts ; ne cherchons le ciel que sur la terre.

Ainsi fait notre ami ; comme un vieux militaire,
Il brosse son habit sitôt qu'il a dîné,
Dans son domaine étroit librement confiné.
Ministre de sa peau, tout à son ministère.

Il s'épluche, il se lisse, il sait ce qu'il se doit.
Pauvre petit torchon moins large que le doigt.
Sa langue est tour à tour éponge, étrille et peigne.

Son nez rejoint son dos ; il lèche en insistant ;
Pas un poil si lointain que la râpe n'atteigne.
Goethe, instruit par Voltaire, en a-t-il fait autant ?

Hippolyte Taine, *À trois chats, douze sonnets*, 1883.

Où étais-tu cachée ?

Qui vient là ? Mais c'est ma chatte
Une brindille à la patte.
Le dos rond, elle passe le pont
Puis s'avance, l'œil fripon.
Minou, minou, mounette,
Où étais-tu cachée ?
Mounette répond tout net
Qu'elle gardait les poulettes
Depuis le déjeuner.

Comptine du folklore russe. **Traduction Fabienne Finifter.**

Le petit chat
Qu'on pèse sur la balance
Poursuit ses jeux.

Haïku du poète japonais Issa, XIXe siècle.

Un chat peut en cacher un autre

Un paysan avait un poulailler,
Y gloussaient des poules,
Y caquetaient des poulets,
S'y blottissaient des poussins,
Tous les jours y étaient radieux,
Sauf que chaque nuit mystérieusement…
Une malheureuse volaille disparaissait.

Chaque matin, dès potron-minet,
C'est de fort méchante humeur
Que notre paysan disait à son chat :
« C'est toi le voleur !
C'est dans mon poulailler
Que tu viens, toutes les nuits, faire à la brune
Des festins de roi ! »

Haut et fort
Le malheureux chat jurait sur son honneur
Que jamais de sa sainte vie — dépourvue de toute félonie —
Il n'avait avalé
Poule, poussin, poulet.

« Non seulement tu voles, mais encore tu mens ! »
L'accusait le paysan, furieux
« Ce ne peut-être que toi, maudit chat !
Et nous allons bien voir, à la fin, qui commet cet ignoble forfait ! »

Cette nuit-là, quand il fit bien noir,
Le paysan tendit un piège à l'entrée de son poulailler
Et…
Le lendemain quand l'aube blanche se leva
Le paysan effaré trouva enfermé dans sa cage…
Un chat sauvage …
Qui depuis des lustres avait élu domicile dans le voisinage
Et se gobergeait dans les parages.

Moralité première : ne portez jamais d'accusation sans avoir de bonnes raisons.
Moralité seconde : un chat peut toujours en cacher un autre.

Fable africaine adaptée par Melchior de Chambilly, *Trésor des veillées brionnaises,* 1888.

Philosophe

Maman était modiste
Et portait la culotte.
Papa était modeste
Et portait le chapeau.
Il avait fière allure,
Comble pour un modeste.
Il a su le rester,
Chapeau.
Caché sous un chapeau,
Le chat philosophait
En lisant Epicure
Les chats sont nyctalopes.
Les dames du village
Si dûment chapeautées
Jouaient les élégantes
Assidûment.
Un jour d'inadvertance,
Le chat de lire lassé,
Croqua papa maman.
Il mangea le modeste,
Il mangea la modiste,
Quelques chapeaux aussi,
Et un lot d'élégantes,
Au minois de souris.
Me voilà devenu orphelin.
Et devenu poète,
Dit-on.

Charles Simond, *Maman était modiste…*,
poème inédit, 2009.

Jeux

Mon Dieu ! Quel passe-temps c'était
Quand ce Belaud virevoltait
Folâtre autour d'une pelote !
Quel plaisir, quand sa tête sotte
Suivant sa queue en mille tours
D'un rouet imitait le cours !
Ou quand assis sur le derrière
Il s'en faisait une jar'tière,
Et montrant l'estomac velu,
De panne blanche crêpelu,
Semblait tant sa trogne était bonne
Quelque docteur de la Sorbonne !
Belaud n'était point mal plaisant,
Belaud n'était point malfaisant
Et ne fit onc plus grand dommage
Que de manger un vieux fromage,
Une linotte, et un pinson,
Qui le fâchaient de leur chanson.

Joachim Du Bellay, *Divers Jeux rustiques*,
Épitaphe d'un chat, 1558.

Deux mois

Les petits ont deux mois ; fourrés comme des ours,
Lustrés comme des loirs, ils sont bien de leur race.
Juin flambe en eux, jamais leur souplesse n'est lasse ;
Il faut à leurs ébats les seize heures des jours.

Dressant leurs reins arqués sur leurs pieds de velours
Ils s'affrontent ; soudain, l'un à l'autre s'enlace ;
Ils roulent ; tous leurs jeux sont des assauts de grâce ;
Auprès d'eux les chevreuils bondissants semblent lourds.

La grâce en les enfants, la beauté dans les roses,
La nature impuissante en ses métamorphoses,
N'a que deux fois produit le chef-d'œuvre parfait.

Hors d'elle, l'art vagit empêtré dans ses langes.
Qu'a fait l'orgueil humain ? les peintres, qu'ont-ils fait ?
Corrège, des amours, et Raphaël, des anges !

Hippolyte Taine, *À trois chats, douze sonnets*, L'ange, 1883.

Tapi dans la neige
Un chat blanc.
Ses yeux le trahissent.

Haïku de Charles Simond, *Éléments*, 2004.

Devant la cheminée

Quand le sommeil tombe sur nous
Tu te blottis sur mes genoux.

Mes mains caressent les contours
De ton amitié de velours.

La lueur dansante du feu
N'est qu'une fente dans tes yeux.

Le chas d'aiguille est si subtil
Qu'à grand-peine y passe le fil.

Et si doux se fait le ronron
Que je crois sentir sous mes doigts

La lueur du feu qui décroît,
Le silence de la maison.

Pierre Menanteau, *À l'école du buisson*, 1972.

D'où viens-tu ?

Chat, chat, d'où viens-tu ?
Je viens du fond de la nuit
Je viens de jouer sans bruit
Avec le vent et la lune.

Chat, chat, d'où viens-tu ?
Je viens d'aiguiser mes dents
À l'or du soleil levant,
Je l'ai cardé de mes griffes.

Chat, chat, d'où viens-tu ?
Je viens de lustrer mon corps
Sous la pluie des gouttes d'or,
Et ma fourrure étincelle.

Chat, chat, d'où viens-tu ?
D'un pays silencieux
Qui dort au fond de mes yeux
À l'abri de mes paupières.

Chat, chat, d'où viens-tu ?
D'un pays où je suis roi
Moi, j'en viens, vous n'irez pas
Vous n'irez pas, demoiselle !

Louisa Paulin, *Poèmes*, Chat, 1969.

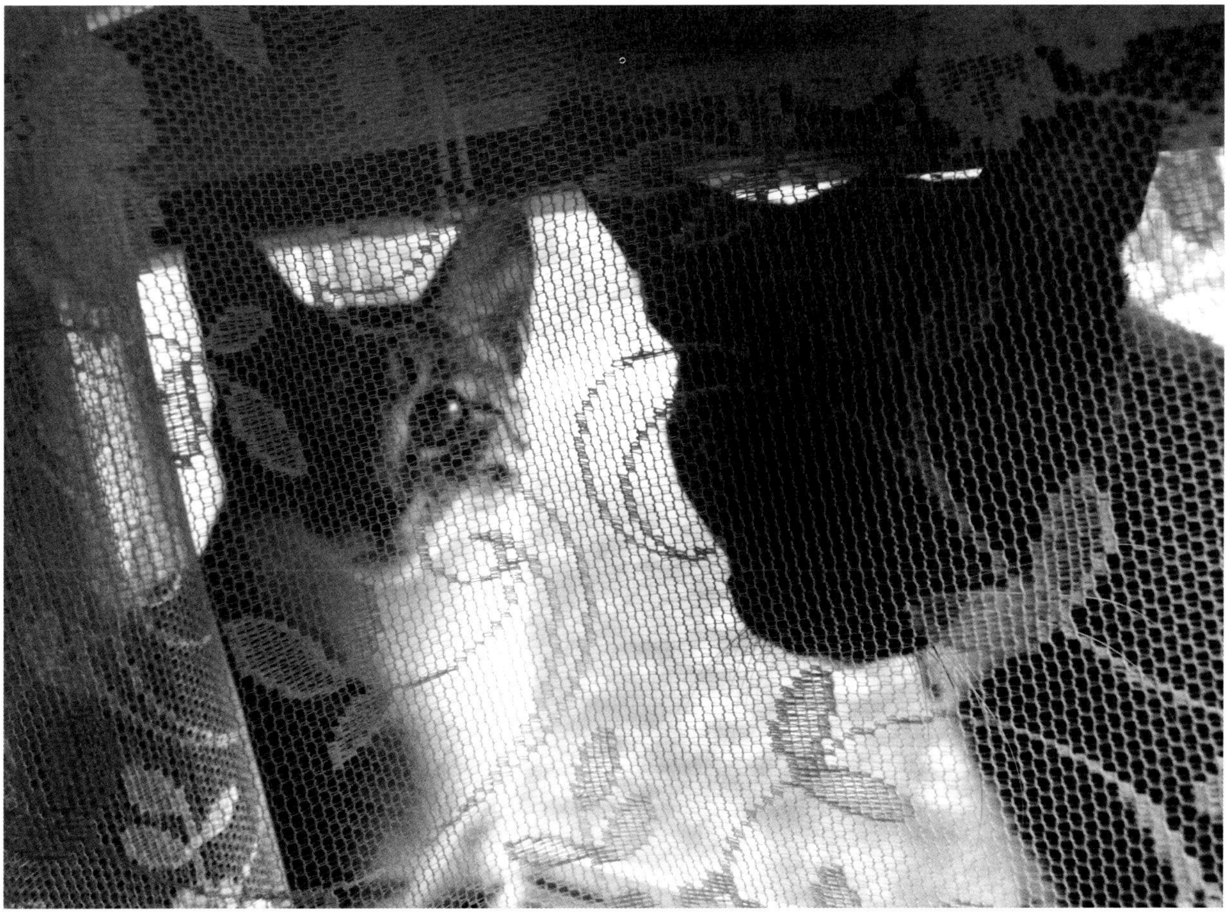

Le vent d'hiver souffle.
Les yeux des chats
Clignotent.

Haïku du poète japonais Yasô, 1892-1970.

Boîte
à merveilles

S'il met sa patte à l'oreille,
Cette oreille est boîte à pluie.
S'il ouvre un œil dans la nuit,
Cet œil est boîte à soleil.

Je l'agace, il se rebiffe,
Son pied se fait boîte à griffes.
Je l'endors, il est heureux,
Il ronronne, boîte à feu.

Boîte à jeux, boîte à sommeil,
Mon chat est boîte à merveilles !

Robert Vigneau, *Bestiaire à Marie*, 2000.

Quand le chat sourit

Dans le tiroir
Qu'il est beau
Le désordre !

Je déchire le papier.
Ah !
Le bruit du papier !

Au-delà de la porte
Délicieux
L'enfer

Oiseaux dans les platanes,
Bougez !
Je possède la vitre

Mais je suis chat,
Je ne me souviens
De rien d'autre.

Jacques Bussy,
haïkus in *Le chat sourit*, 1979.

La femelle du grillon
Mangé par le chat
Dira son chant funèbre.

Haïku du poète japonais Kikaku, 1661-1707.

WN 5340 U

La souris et le chat luthier

Sur le pont d'un chalutier,
Un chat chic jouait du luth.
Il avait mis des souliers,
Une cravate de jute.
Pendant que le chat luthier
Amusait les marins soûls,
Les souris du chalutier
Rongeait le chalut à trous.

Personne ne devina
Que les souris et le chat
S'étaient mis de connivence
Pour que les poissons distraits,
Désormais nagent en paix
Dans leur monde de silence.

Pierre Coran, *Jaffabules* 1990.

Dimanche

Charlotte
Fait de la compote

Bertrand
Suce des harengs

Cunégonde
Se teint en blonde

Léon
Peint des potirons

Brigitte
S'agite, s'agite

La pendule
Fabrique des virgules.

Et moi dans tout cha ?
Et moi dans tout cha ?

Moi, ze ne bouze pas
Sur la langue, z'ai un chat.

René de Obaldia, *Innocentines*, extrait, 1969.

Le saint des chats

Saint Jérôme dans son bureau avait un grand gros chat
Toujours sur les tableaux, on le voit sur son matelas
Prenait-il son lait au lit ?
Et du poisson le vendredi ?
Si nous perdons un chaton,
Saint Jérôme nous prierons.
Il nous aidera,
Le saint au chat.

Berceuse anglaise traditionnelle. Traduction de Clara Mouche.

La chouette et le chaton

Une chouette et un chaton prirent la mer
Dans un beau bateau vert.
Vers les étoiles, la chouette ses regards leva,
Sortit sa guitare et chanta :
« Minet mon amour, Minet,
Quel doux minet tu es,
Tu es,
Tu es,
Et quel mignon chaton j'ai ! »

Le chaton dit à la chouette :
« Quel poète est ma poulette !
Et si nous mariions ? Depuis si longtemps nous soupirons !
Mais que faire pour l'anneau ? »
Pendant un an ils naviguèrent
Et enfin trouvèrent une terre
Où vivait un veau avec un anneau
Dans le nez
Dans le nez,
Un veau décoré et bien né.

« Cher veau, vends-nous pour un sou
Ton bijou. »
Le veau ayant dit oui,
Ils s'épousèrent le lendemain
Devant une dinde du coin,
Puis soupèrent de hachis
Et de gelée de coing
Qu'ils dégustèrent
À la cuillère,
Et main dans la main,
Ils dansèrent à la lumière
De la lune
De la lune
Un pas de une.

Limerick d'Edward Lear,
***The Children of the Owl and the Pussy-cat*, 1871.**
Traduction de Clara Mouche.

Solitaire

Il chasse la souris et câline l'enfant
si l'enfant n'est pas trop importun.
Mais quand l'enfant dort et que la lune sort,
Lui aussi il sort.
Il est le chat qui s'en va seul.
Il est le chat qui s'en va çà et là,
dans les bois mouillés de la nuit,
sur les arbres mouillés de la nuit,
le long des toits mouillés de la nuit.
Il balance sa queue et conquiert l'ombre, solitaire.

Rudyard Kipling, *Just So Stories*, The Cat That Walked by Himself, 1902.
Traduction de Clara Mouche.

Goutte de lumière

Si vous saviez ce qu'il y a
Dans l'œil sans fond d'un petit chat,
Qu'il soit jaune, vert ou lilas
Vrai, vous n'en reviendrez pas !
On y voit des oiseaux de lune,
Des palais de laine et de lait,
Le sphinx émergeant de ses lunes,
Et des ballets ultraviolets.
Sur des bassins d'une eau sans rides,
S'épanouit la fleur de lotus
Tandis qu'une main translucide
Peint des soleils sur papyrus.
Tout l'univers est reflété
Dans cette goutte de lumière
Qui ouvre sur l'éternité
Ainsi qu'un hublot sur la mer.

Marc Alyn, *Nous les chats*, Ce qu'il y a dans l'œil du chat, 1992.

Le mur de ses yeux

Pour ne poser qu'un doigt dessus
Le chat est bien trop grosse bête.
Sa queue rejoint sa tête,
Il tourne dans ce cercle
Et se répond à la caresse.

Mais la nuit l'homme voit ses yeux
Dont la pâleur est le seul don.
Ils sont trop gros pour qu'il les cache
Et trop lourds pour le vent perdu du rêve.

Quand le chat danse
C'est pour isoler sa prison
Et quand il pense
C'est jusqu'aux murs de ses yeux.

Paul Éluard, *Les Animaux et leurs hommes, les hommes et leurs animaux*, Chat, 1920.

9
Catus niger

Aventures

Le chat lutte avec une abeille
autour de sa fourrure,
je vois l'azur et ses merveilles,
un arbre, une mâture,

la mer apporte à mon oreille
le bruit des aventures
que nous vivrons si tu t'éveilles,
témérité future.

Je me consacre aux vertes îles,
favorables au sage
qui sait trouver un dieu tranquille

entre palme et rivage.
Le chat s'en va, brillant et beau,
pour guetter les oiseaux.

Henri Thomas, *Signe de vie,* Sonnet du chat, 1944.

Source
de toute vie

À la chatte grise qui sans rien dire à personne
s'est trouvée un jour pleine, la très douce outre duveteuse
puis après soixante jours a mis bas en ronronnant
deux tigrés et deux noir et blanc
qui se collent à ses tétines roses
et boivent en fermant les yeux et pétrissant ses poils
la source de toute vie qui nourrit toutes les bouches
je demande protection…

Claude Roy, *Permis de séjour*, Malade, une sorte de prière, 1983.

Réflexion calme

Assise en position de réflexion calme
(la posture que le yoga des chats nomme
Pétale-Creux-du-Lotus-Noir-Recueillant-la-Rosée-du-Temps),
la chatte au pied de mon lit considère
l'espace vide et blanc du mur elle voit
quelque chose que je ne vois pas.

Claude Roy, *À la lisière du temps*, Le regard des bêtes-I, 1984.

Encre
de Chine

Le champ d'avoine légère respire au vent imperceptible
à côté du blé au garde-à-vous roide de son pourpoint
La chatte noire invisible fait sa couleuvre
et se faufile entre les tiges à ras du sol
Elle émerge en miaulant dans le froissement des épis
nette comme un caractère à l'encre de Chine
sur fond de sable d'or et de soleil en paille.

Claude Roy, *À la lisière du temps, Pendant l'été 1983-1984.*

Dans la pénombre

Le chat dans la pénombre
À la tombée du jour
Abandonnait sa faim,

Rentrait dans son mensonge
Et devenait immense.

Eugène Guillevic, *Exécutoire*, Le chat dans la pénombre, 1942.

L'ombre

Conte poétique

J'ai peu vécu de la vie terrestre, où j'étais noir. Noir entièrement, sans tache blanche au poitrail, ni étoile blanche au front. Je n'avais même pas ces trois ou quatre poils blancs, qui poussent aux chats noirs dans le creux de la gorge, sous le menton. Robe rase, mate, drue, queue maigre et capricieuse, l'œil oblique et couleur de verjus, un vrai chat noir.

Mon plus lointain souvenir remonte à une demeure où je rencontrai, venant à moi du fond d'une salle longue et sombre, un petit chat blanc ; quelque chose d'inexplicable me poussa au-devant de lui, et nous nous arrêtâmes nez à nez. Il fit un saut en arrière, et je fis un saut en arrière en même temps. Si je n'avais pas sauté ce jour-là, peut-être vivrais-je encore dans le monde des couleurs, des sons et des formes tangibles.

Mais je sautai, et le chat blanc crut que j'étais son ombre noire. En vain j'entrepris, par la suite, de le convaincre que je possédais une ombre bien à moi. Il voulait que je ne fusse que son ombre, et que j'imitasse sans récompense tous ses gestes. S'il dansait je devais danser, et boire s'il buvait, manger s'il mangeait, chasser son propre gibier. Mais je buvais l'ombre de l'eau, et je mangeais l'ombre de la viande, et je me morfondais à l'affût sous l'ombre de l'oiseau…

Le chat blanc n'aimait pas mes yeux verts, qui refusaient d'être l'ombre de ses yeux bleus. Il les maudissait, en les visant de la griffe. Alors je les fermais, et je m'habituais à ne regarder que l'ombre qui régnait derrière mes paupières.

Mais c'était là une pauvre vie pour un petit chat noir. Par les nuits de lune je m'échappais et je dansais faiblement devant le mur blanc, pour me repaître de la vue d'une ombre mienne, mince et cornue, à chaque lune plus mince, et encore plus mince, qui semblait fondre.

C'est ainsi que j'échappai au petit chat blanc. Mais mon évasion est une image confuse. Grimpai-je le long du rayon de lune ? Me cloîtrai-je à jamais derrière mes paupières verrouillées ? Fus-je appelé par l'un des chats magiques qui émergent du fond des miroirs ? Je ne sais. Mais désormais le chat blanc croit qu'il a perdu son ombre, la cherche, et longuement l'appelle. Mort, je ne goûte pourtant pas le repos, car je doute.

Peu à peu s'éloigne de moi la certitude que je fus un vrai chat, et non pas l'ombre, la moitié nocturne, le noir envers du chat blanc.

Colette, *Autres Bêtes*, Le chat noir, 1950.

Les amours du chat
Oublieux même du riz
Qui colle à ses moustaches.

Haïku du poète japonais Taïgi, 1709-1771.

Accroupi
près
du
bocal,
Monsieur Chat,
les yeux à demi fermés
dit
:
Je n'aime pas
le poisson.

Paul Claudel, *Cent phrases pour éventails*, 1942

L'ennui sans les hommes.
Comment vivent-ils
Sans nous ?

Jacques Bussy, haïku in *Le chat sourit*, 1979.

Copyrights

P. 172 Pierre Menanteau, « Devant la cheminée », in *A l'école du buisson,* 1972, © Librairie-Galerie Racine

P. 174 Louisa Paulin, « Chat », in *Poèmes,* 1969, Editions de la revue du Tarn

P. 176 Haïku du poète Yasô, in *Haïku,* sous la direction de Roger Munier, 1962 et 1979, © Pauvert, département de la librairie Arthème Fayard

P. 178 Robert Vigneau, « Boîte à merveilles », in *Bestiaire à Marie,* 2000, © Editions Éoliennes

P. 180 Jacques Bussy, haïkus, in *Le chat sourit,* 1979, © Editions Commune Mesure

P. 182 Haïku du poète Kikaku, in *Haïku,* sous la direction de Roger Munier, 1962 et 1979, © Pauvert, département de la librairie Arthème Fayard

P. 184 Pierre Coran, « La souris et le chat luthier », in *Jaffabules,* 2003, © Le Livre de Poche Jeunesse

P. 186 René de Obaldia, « Dimanche » (extrait), in *Innocentines,* 1969, © Éditions Grasset & Fasquelle

P. 194 Marc Alyn, « Ce qu'il y a dans l'œil du chat », in *Nous les chats,* 1992 © Marc Alyn

P. 196 Paul Eluard, « Chat », in *Les Animaux et leurs hommes, les hommes et leurs animaux,* 1920, © Gallimard

P. 198 Henri Thomas, « Sonnet du chat », in *Signe de vie,* 1944, © Gallimard

P. 200 Claude Roy, « Malade, une sorte de prière », in *Permis de séjour,* 1983, © Gallimard

P. 202 Claude Roy, « Le regard des bêtes-I », in *A la lisière du temps,* 1984, © Gallimard

P. 204 Claude Roy, « Pendant l'été 1983 », in *A la lisière du temps,* 1984, © Gallimard

P. 206 Eugène Guillevic, « Le chat dans la pénombre », in *Exécutoire,* 1942, © Gallimard

P. 208 Colette, « Le chat noir », in *Autres Bêtes,* 1950, © Succession Colette

P. 210 Haïku du poète Taïgi, in *Haïku,* sous la direction de Roger Munier, 1962 et 1979, © Pauvert, département de la librairie Arthème Fayard

P. 211 Paul Claudel, « Accroupi près du bocal… », in *Cent phrases pour éventails,* 1942, © Gallimard

P. 212 Jacques Bussy, haïku, in *Le chat sourit,* 1979, © Editions Commune Mesure

Malgré nos recherches, nous n'avons pu retrouver certains ayants droit. Leurs droits ont été réservés.

Crédits iconographiques

P. 11 : © Douglas Menuez/Getty Images ; p. 12 : © Pierre Berenger/Rapho ; p. 15 : © Todd A. Gipstein/Corbis ; p. 16 : © Getty Images ; p. 19 : © Christie's Images/Corbis ; p. 22 : © Keystone-France/Eyedea ; p. 25 : © Hans Silvester/Rapho/Eyedea ; p. 26 : © Getty Images/Flickr Rm ; p. 29 : © Pierre Jahan/Roger-Viollet ; p. 31 : © Fineartimages/Leemage ; p. 33 : © Artkey/Corbis ; p. 34 : © Getty Images ; p. 37 : © Getty Images/De Agostini ; p. 39 : © Annette Fournet/Corbis ; p. 41 : © A&G Reporter/Tips/Photononstop ; p. 43 : © Denis Brihat/Rapho/Eyedea ; p. 44 : © Bianchetti/Leemage ; p. 47 : © Keystone-France/Eyedea ; p. 49 : © Pierre Michaud/Rapho/Eyedea ; p. 50 : © Selva/Leemage ; p. 53 : © Getty Images/Nordic Photos ; p. 55 : © Annette Fournet/Corbis ; p. 56 : © Artkey/Corbis ; p. 59 : © Artkey/Corbis ; p. 60 : © iStockphoto ; p. 63 : © Fototeca/Leemage ; p. 64 : © Getty Images ; p. 67 : © Mauritius/Photononstop ; p. 69 : © Keystone France/Eyedea ; p. 70 : © Ravenna/Leemage ; p. 73 : © Ylla/Rapho/Eyedea ; p. 74 : © Janet Fekete /Getty Images ; p. 77 : © Valerie Shaff/Getty Images ; p. 81 : © Christie's Images/Corbis ; p. 82 : © Rob Howard/Corbis ; p. 85 : © Valerie Shaff/Getty Images ; p. 86 : © Paul Cherfils/Getty Images ; p. 89 : © David Turnley/Corbis ; p. 90 : © Alen Macweeney/Corbis ; p. 93 : © Walter Giordani/Getty Images ; p. 94 : © Hans Silvester/Rapho/Eyedea Presse ; p. 97 : © Bruno Bourel/Rapho/Eyedea ; p. 98 : © iStockphoto ; p. 101 : © Hans Silvester/Rapho/Eyedea Presse ; p. 103 : © Sanford Roth/Sanchez-Ross/Rapho/Eyedea ; p. 105 : © François Le Diascorn/Rapho/Eyedea ; p. 107 : © Liane Hentscher/Corbis ; p. 108 : © Joel Brunet/Jacana ; p. 111 : © Annette Fournet/Corbis ; p. 113 : © Bruno Bourel/Rapho/Eyedea ; p. 115 : © Issaque Fujita/Getty Images ; p. 116 : © Bianchetti/Leemage ; p. 119 : © Limot/Rue Des Archives ; p. 121 : © Keystone-France/Eyedea ; p. 122 : © Hans Silvester/Rapho/Eyedea ; p. 125 : © Getty Images/Superstock RM ; p. 127 : © Getty Images ; p. 128 : © Maurice Zalewski/Rapho/Eyedea ; p. 133 : © Getty Images ; p. 134 : © François Le Diascorn/Rapho/Eyedea ; p. 137 : © Hans Silvester/Rapho/Eyedea ; p. 138 : © Artkey/Corbis ; p. 141 : © Getty Images/National Geographic ; p. 143 : © Hans Silvester/Rapho/Eyedea ; p. 145 : © Joshua Zuckerman/Getty Images ; p. 146 : © Keystone-France/Eyedea ; p. 149 : © PBNJ Productions/Corbis ; p. 151 : © John Livzey/Getty Images ; p. 153 : © Franck Lane/Rapho/Eyedea ;p. 155 : © Getty Images/The Bridgeman Art Library ; p. 156 : © Dennie Cody/Getty Images ; p. 159 : © Julie Habel/Corbis ; p. 161 : © Veronique Durruty/Rapho/Eyedea ; p. 163 : © Jane Burton/Npl/Nature Picture Library/Jacana/Eyedea Illustration ; p. 165 : © Michael Boys/Corbis ; p. 167 : © Selva/Leemage ; p. 169 : © Keystone-France/Eyedea ; p. 171 : © Gerrit Greve/Corbis ; p. 172 : © James Mcquillan/iStockphoto ; p. 175 : © Brittany Marcoux/Getty Images/Flickr RM ; p. 177 : © Josef Scaylea/Corbis ; p. 178 : © Gary Powell/Getty Images ; p. 181 : © John Henley/Corbis ; p. 183 : © Bruno Morandi/Getty Images ; p. 184 : © Jean-Erick Pasquier/Rapho/Eyedea ; p. 187 : © Hans Silvester/Rapho/Eyedea ; p. 189 : © Rabouan-Fiori/Hemis.fr ; p. 191 : © Emilio Ereza/Eyedea ; p. 193 : © Nicolò Minerbi /©Cuboimages/Leemage ; p. 195 : © iStockphoto ; p. 197 : © Ravenna/Leemage ; p. 199 : © Roy Morsch/Corbis ; p. 201 : © Putelat Pierre/Hoa-Qui/Eyedea ; p. 202 : © Getty Images ; p. 205 : © Peter H. Sprosty/Getty Images ; p. 207 : © Julian Holtom/ Getty Images/Flickr RF ; p. 209 : © Keystone-France/Eyedea ; p. 211 : © Getty Images ; p. 213 : © Studio Lipnitzki/Roger-Viollet.

Ouvrage réalisé par Copyright pour les éditions Omnibus
Création graphique : Alexis Godefroy
Mise en pages : Nicole Leymarie
Rédactionnel : Laetitia Réal-Moretto
Photogravure : Peggy Huynh-Quan-Suu
Fabrication : Stéphanie Parlange et Cédric Delsart